¡Vamos a jugar!

175 juegos para la clase de español

Ana Lúcia E. S. Costa
y Prosolina Alves Marra

DIFUSION

Centro de Investigación y Publicaciones de Idiomas, S.L.
C/ Trafalgar, 10, entlo. 1.ª / 08010 Barcelona
Tel. 93 268 03 00 / Fax 93 310 33 40
editdif@intercom.es
http://www.difusion.com

¡VAMOS A JUGAR!
175 juegos para la clase de español

Ana Lúcia E. S. Costa y Prosolina Alves Marra

Diseño de cubierta
Ángel Viola

La primera edición de este libro fue publicada por la
Consejería de Educación y Ciencia de la Embajada de España en Brasil.
© Ana Lúcia E. S. Costa y Prosolina Alves Marra
© de esta edición: Difusión, S.L. Barcelona 1997

1.ª edición, 1997
2.ª edición, 2000

ISBN: 84-89344-16-7
Depósito legal: M-4196-1997
Printed in Spain - Impreso en España por RaRo, S. L.

ÍNDICE

JUEGOS DE PRESENTACIÓN

- ¿Quién piensas que eres? 7
- Conversación con parejas 7
- ¿Quién soy yo? 7
- Identidad ficticia 8

JUEGOS DE ALFABETO Y ORTOGRAFÍA

- Alfabeto animado 9
- Carrera de frases 9
- Bolsa de palabras 10
- Palabras con inicial 10
- Tachando lo escrito 11
- Jugando con el alfabeto 11
- Letras en desorden 12
- "Destrabalenguas" 12

JUEGOS CON NUMERALES

- ¿Me das tu teléfono? 13
- Rueda de números 13
- Matrícula par o impar 14
- Números de teléfono 14

JUEGOS CON MÚSICA

- Preguntas y respuestas 16
- "Bochinche" musical 16
- Trabajando con canciones 17
- Cantantes y canciones 17
- Tertulia musical 18
- Encadenamiento lógico 18
- A través de canciones 19

JUEGOS DE PRÁCTICA GRAMATICAL

- Palabra clave 20
- ¿Saben uds. "canicar"? 20
- Dominó de verbos 21
- Déjame pasar 21
- Rompecabezas de frases 22
- Antes y después del tónico 22
- Reconstruyendo canciones 23
- Con el "si…" 23
- ¿Por qué? Porque… 23
- Preguntas sin fin 24
- Buenos tiempos 24
- Palabras-clave 25

JUEGOS DE VOCABULARIO

- Asociación de palabras 26
- Cómputo interno 26
- Repitiendo palabras 27
- Fábrica de palabras 27
- Asociación libre 28
- Foto instantánea 28

- Investigación sobre un objeto 28
- Árbol genealógico 29
- Conocer palabras raras 29
- Formar palabras 29
- ¿Qué oficio le daremos? 30
- La finca de Pepito 30
- Símbolos creativos 31
- Los colores 32
- Cajón de sastre 32
- Palabra intrusa 33
- Fútbol de palabras 33
- El arbolito de Navidad 34
- Adivinanzas 34
- Lista de recuerdos 35
- Observando al otro 35
- Diccionario 35
- Equivocado 36
- Mesa revuelta 37
- Dibujando las noticias 37
- Papeles plegados 37
- Tutti-Frutti 38

JUEGOS PARA LA PRÁCTICA ORAL

- Aquí hay de todo 39
- Pancho 39
- Charlatanes 39
- Sentimientos en directo 40
- El país sin errores 40
- Entrevista 41
- Noticia de periódico 41
- Érase una vez… 41
- Danza de palabras 42
- Coincidencias y divergencias 42
- Concurso de defectos 42
- El sabio de la montaña 43
- La familia inventada 43
- Reconstrucción 43
- Revistas desconocidas 44
- El arca de Noé 44
- Lo bueno de lo malo 45
- Hoja de ruta 45
- "Veo, veo " 45
- Carteles de caretas 46
- Cuento colectivo 46
- La maleta perdida 47
- Cine imaginado 47
- Chistera de mago 48
- Un acontecimiento al revés 48
- Encuentro con un lugareño 48
- Izquierda en fiesta 49
- Historietas en ráfagas 49
- Otro mundo 49
- Una misma pregunta, diversas respuestas 50

❦ ❦	"Tantanes"	50
❦ ❦	Mensajes telegráficos	51
❦ ❦	Reconstruyendo fábulas	51
❦ ❦	Del dicho al hecho	52
❦ ❦	Desenmascarar personajes de televisión	52
❦ ❦	Noticiario al día	53
❦ ❦	De viaje hacia lo más pequeño	53
❦ ❦	Canje diferente	53
❦ ❦	Metáforas	54
❦ ❦	Supervivientes	54
❦ ❦	Frases hechas	55
❦ ❦	Sí, igual; pero peor	55
❦ ❦	Atalaya	55
❦ ❦	Profesión: ama de casa	56
❦ ❦	Rescate	56
❦ ❦	Desde el jardín	56
❦ ❦	No vale decir que no	57
❦ ❦	Supermercado insólito	59
❦ ❦	Exploradores	59
❦ ❦	Noticias del periódico	60
❦ ❦	El visitante misterioso	60
❦ ❦	Interrogatorio personal	60
❦ ❦	Cuadros de una exposición	61
❦ ❦	Entrevista rápida	61
❦ ❦	Recordando una emoción	62
❦ ❦ ❦	Homicidio a oscuras	62
❦ ❦ ❦	Incendio en la torre	63
❦ ❦ ❦	El «opaitema»	64
❦ ❦ ❦	Cada oveja con su pareja	64
❦ ❦ ❦	Videoclub "historias de la vida"	64
❦ ❦ ❦	Reportaje improvisado	65
❦ ❦ ❦	Quemarse los sesos	65
❦ ❦ ❦	El concejo municipal	66
❦ ❦ ❦	El rompecabezas	67
❦ ❦ ❦	Debatir ideas	67
❦ ❦ ❦	Principio y final	68
❦ ❦ ❦	Una falsa excusa	68

JUEGOS PARA LA EXPRESIÓN ESCRITA

❦	Mensajes que caminan	70
❦	Lo peor será lo mejor	70
❦	"Cuentacuentos"	70
❦	Periodistas	71
❦	Telegramas cruzados	71
❦	El zoológico humano	72
❦	Taller de creación	73
❦	Cambio de puntuación	73
❦	Donar animales domésticos	73
❦	Telegrama aleatorio	74
❦	¿Qué es España?	74
❦	Noticiario	75
❦	Buzón sentimental	75
❦	Historia a través de imágenes	76
❦ ❦	Consultorio de psicología	76
❦ ❦	Trabalenguas a través de imágenes	77

❦ ❦	El viaje del siglo	77
❦ ❦	Onda de radio	77
❦ ❦	Auxilios al azar	77
❦ ❦	Doble sentido	78
❦ ❦	La biblioteca de Alejandría	78
❦ ❦	Poema a varias manos	79
❦ ❦	Carteles de publicidad	79
❦ ❦	Preguntas y respuestas cruzadas	80
❦ ❦	Comenzar y terminar	80
❦ ❦	Bocadillos de humor	81
❦ ❦	Montando frases	81
❦ ❦	Tebeo incompleto	81
❦ ❦ ❦	El presidente y sus ministros	82
❦ ❦ ❦	Rehaciendo textos	82
❦ ❦ ❦	Retrato de un personaje	83

DRAMATIZACIONES

❦	Descubriendo la escena	85
❦	¡Qué papelón!	85
❦	Escenas nuevas	85
❦ ❦	Sigan la escena	86
❦ ❦	Asumir personajes	86
❦ ❦	Una fiesta en familia	86
❦ ❦	Escenas de la vida	87
❦ ❦	Dramatización de refranes	87
❦ ❦	Cambio de papel	89
❦ ❦	Prediciendo el futuro	90
❦ ❦	Cambio de personaje	90
❦ ❦ ❦	Dos personajes y un solo actor	91
❦ ❦ ❦	Dramón	91
❦ ❦ ❦	Un debate público	91
❦ ❦ ❦	El perseguidor	92

Agradecemos

a Eliane Alves Marra el acceso a los manuales de portugués,
a Graciela Inés Ravetti de Gómez el estímulo en las horas de trabajo,
a Miriam de Souza Silva la dedicación y el cariño con que ha hecho
la transcripción del manuscrito.

INTRODUCCIÓN

Esta publicación intenta llevar a los profesores de español lengua extranjera una muestra variada de juegos y actividades didácticas que pueden realizar en sus clases. Tiene por objetivo ampliar y explorar las cuatro destrezas que articulan el proceso de aprendizaje de un idioma extranjero: la comprensión lectora, la comprensión auditiva, la producción oral y la producción escrita. Es el resultado de nuestra firme creencia de que se puede aprender jugando.

Si tomamos el juego en su sentido más amplio, podemos definirlo como un divertimento, un pasatiempo, una recreación, un juguete sujeto a ciertas reglas, que existe dentro de unos límites de tiempo y espacio. Todo juego se realiza dentro de un campo previamente delimitado y exige, para su desarrollo, un orden riguroso en su realización.

La selección se ha realizado a partir de una búsqueda en manuales de juegos publicados en español, francés, inglés y portugués. Se ha procedido posteriormente a su recopilación, a su adaptación a la realidad de la enseñanza del español y a la creación de nuevas actividades.

Los juegos están destinados a uno de los siguientes niveles: ✌ básico, ✌ ✌ intermedio y ✌ ✌ ✌ avanzado, como una posible sugerencia de trabajo. De todos modos, en el momento de elegir una actividad, el profesor deberá usar su sensibilidad y tener en cuenta:
a) las características del grupo de participantes: edad, interés, nivel de conocimiento, etc.
b) los medios materiales disponibles,
c) el contenido de la actividad, o sea, el eje temático que pretende desarrollar, las etapas que va a seguir y los objetivos que desea alcanzar.

En las clases de lengua extranjera, el juego debe ser utilizado como soporte, como elemento de apoyo, de incentivo, de intercambio, de uso de la lengua, de reestructuración del lenguaje. Es un buen momento para que el profesor haga que los alumnos pierdan el miedo a hablar y comprueben los conocimientos lingüísticos que han interiorizado y que poseen en condiciones latentes de empleo.

Para llevar a cabo estos juegos y actividades, el profesor podrá utilizar los momentos iniciales de clase, a fin de desinhibir e impulsar la comunicación, los momentos de cambio de actividad y los momentos finales, es decir, cuando le queda un espacio de tiempo insuficiente para la introducción de nuevos contenidos.

Es entonces cuando el alumno utiliza la lengua más despreocupadamente y el profesor puede detectar dudas y evaluar conocimientos, midiéndolos con los parámetros correspondientes al nivel del estudiante.

El profesor, con el juego, consigue un ambiente de distensión y confianza, propiciando el desarrollo de la subjetividad y la construcción del conocimiento. Valorar el juego en el espacio educativo es, pues, fomentar el acceso a nuevas experiencias, nuevas relaciones y nuevos valores.

El profesor incentiva, dirige, ayuda y evalúa, pero no interfiere directamente en el desarrollo del juego. Sus intervenciones serán sólo las solicitadas por el grupo y dejará para el final las observaciones pertinentes.

Los autores y la editorial

JUEGOS DE PRESENTACIÓN

¿QUIÉN PIENSAS QUE ERES? ✌

OBJETIVO
Uso del lenguaje oral.
Capacidad de síntesis.

DESARROLLO
Una persona que se ofrezca o que sea elegida por el grupo se sienta en el centro del corro. Inmediatamente el grupo le pregunta: «¿Quién piensas que eres?». La persona contesta diciendo lo que conoce de sí misma.

VARIACIÓN
¿QUIÉN TE GUSTARÍA SER?
Una persona se coloca en el centro del corro. El que dirije el juego le pregunta: *«¿Qué cantante, persona pública, deportista, escritor… te gustaría ser?».* La persona contesta y explica por qué ha elegido a aquella determinada personalidad.

CONVERSACIÓN EN PAREJAS ✌

OBJETIVO
Manejo de fórmulas de presentación.
Uso del lenguaje oral.

DESARROLLO
Todos los alumnos se reparten en parejas. Cada pareja va a charlar entre sí, aislada de los demás, por un tiempo determinado (treinta segundos). Terminado el tiempo, todos se reúnen y cada persona le presenta el compañero a los demás basándose en la conversación que mantuvieron.

QUIÉN SOY YO ✌

OBJETIVO
Reflexión sobre su propia personalidad.
Selección de datos y producción oral.

DESARROLLO

El profesor facilitará a los alumnos periódicos, revistas y otros materiales para el montaje del perfil de cada uno. Este perfil se compondrá a partir de palabras o imágenes.

Cada participante, en quince minutos, preparará su trabajo y luego lo presentará a los demás que pueden comentarlo añadiendo detalles, confirmando o rechazando informaciones.

IDENTIDAD FICTICIA ✌

OBJETIVO

Práctica del vocabulario de identificación y de la formulación de preguntas.

DESARROLLO

El profesor prepara con antelación una ficha de datos personales con el número de copias que sean necesarias según la cantidad de alumnos. Cada uno recibe una ficha que deberá rellenar escogiendo una identidad ficticia. Se permite cambio de nombre, edad, sexo, nacionalidad, etc. Rellenadas las fichas, cada jugador se presenta oralmente aportando todas las informaciones sobre su persona. Los demás pueden hacerle preguntas para detallar mejor su identidad ficticia.

JUEGOS DE ALFABETO Y ORTOGRAFÍA

ALFABETO ANIMADO ✌

OBJETIVO

Práctica de vocabulario, rapidez y agudeza de memoria.

DESARROLLO

Los alumnos en equipos de máximo de seis. El profesor establece las letras del alfabeto que entrarán en el juego. Cada equipo elige a su jefe y a un redactor encargado de apuntar todas las palabras. Éste, dada la señal, empieza el juego diciendo la primera palabra que comienza por la primera letra de la lista alfabética determinada por el profesor.

Todos los alumnos dirán palabras que comiencen por esta misma letra y que no sean repetidas. De vuelta al jefe se pasa a la segunda letra indicada.

Cuando se llega a la última letra, si no se ha agotado el tiempo previsto para el juego (diez minutos), el equipo empezará de nuevo por la primera letra.

Terminado el tiempo, el redactor leerá la lista de su equipo. Ganará aquel que haya escrito la mayor cantidad de palabras con corrección.

CARRERA DE FRASES ✌

OBJETIVO

Formulación de frases, atención a los nexos.
Práctica de vocabulario.

DESARROLLO

Los alumnos se dividen en un máximo de tres equipos. Los que componen cada equipo se pondrán en cola y se colocarán detrás del límite establecido por el profesor.

Está prohibida la comunicación entre los participantes, durante el juego.

El profesor escribe una misma letra en cada una de las partes del pizarrón determinadas para cada equipo.

Dada la señal de inicio, el primer jugador va a la pizarra y empieza la frase escribiendo la primera palabra con la letra indicada. Vuelve, le da la tiza al segundo y pasa al último lugar de la cola. A éste le tocará escribir otra palabra. Al último jugador se le permitirá escribir hasta tres palabras y colocar la puntuación conveniente.

Para componer la frase, cada equipo dispondrá de un tiempo establecido por el profesor. Ganará el equipo que termine primero, con menos errores cometidos.

BOLSA DE PALABRAS ✌

OBJETIVO
Elaboración de palabras.

DESARROLLO
Presentar a los alumnos, una por una, una serie de palabras. Determinarles un tiempo, finalizado el cual, deberán presentar palabras nuevas con las letras de cada palabra vista, utilizándolas todas o no.

Ganará el juego aquel que consiga mayor número de nuevas palabras.

OBSERVACIÓN
Se puede permitir la repetición de letras de las palabras claves.

EJEMPLOS

NAVIDADES	DICIEMBRE	ESPALDA
nada	mimbre	sepa
edad	dice	halda
vida	rece	des
seda	decir	das
visa		pala
		lapa
		pesada
		leal

PALABRAS CON INICIAL ✌

OBJETIVO
Ejercitar la memoria, la observación y la rapidez mental.
Práctica de vocabulario.

DESARROLLO
El profesor elige previamente algunas letras del alfabeto y las mete en una bolsa. Un alumno retira una letra, la lee a los demás divididos en equipos y éstos inmediatamente empezarán un listado de palabras que comiencen por dicha letra. Este trabajo se realizará dentro del plazo establecido por el profesor. Terminado el tiempo, cada equipo leerá sus palabras. Para cada palabra, se asignará un punto. El profesor registrará en el encerado la puntuación de cada grupo. Luego se hará el sorteo de la siguiente letra. El juego seguirá durante el plazo estipulado (de diez a quince minutos). Será campeón el equipo con mayor número de puntos.

TACHANDO LO ESCRITO ✌

OBJETIVO

Reconocer el alfabeto español asociando sonido y grafía.
Práctica de la lectura.

DESARROLLO

Los participantes dispuestos en dos grandes equipos, A y B. El profesor divide la pizarra en dos partes y escribe veinticinco palabras en cada una. Enseguida leerá cada palabra y un miembro del equipo A deberá tacharla si está en la mitad A de la pizarra o uno del B si está escrita en la mitad B.
Cada equipo se pondrá de acuerdo con relación al orden de sus miembros para participar del juego.

El profesor podrá iniciar el juego y pedir que los del equipo A lean las palabras para el equipo B y viceversa. Si el equipo comete faltas en la lectura pierde puntuación. Al final gana el equipo con mayor cantidad de puntos.

VARIACIÓN

En lugar de palabras, se pueden escribir números sobre la pizarra. Los participantes en dos equipos organizan dos colas. Cada participante que ocupa el primer puesto recibe una tiza de color diferente. El profesor dice los números y los jugadores los van marcando (el primero que llega a la pizarra tiene el derecho de rodearlo con un círculo y vuelve al último lugar de la cola pasándole al próximo compañero la tiza). A cada número se cambiarán los jugadores. El equipo vencedor será el que obtenga el mayor número de círculos del mismo color.

JUGANDO CON EL ALFABETO ✌

OBJETIVO

Práctica del alfabeto en español y de la correspondencia sonidos/grafía.

DESARROLLO

Los participantes dispuestos en dos grandes equipos. Cada equipo recibe una lista con diez palabras preparada previamente por el profesor. Decidido qué equipo empezará el juego, el primer jugador deletrea la primera palabra de la lista. El primer jugador del otro equipo deberá decir inmediatamente la misma palabra y escribirla en la pizarra. Si lo hace correctamente, marcará un punto para su equipo. Si la palabra ha sido deletreada correctamente y el jugador contrario no ha sido capaz de identificarla ni de escribirla, el primer equipo marcará un punto. En cambio si la palabra ha sido mal deletreada, el otro equipo es el que marca un punto.

Enseguida el jugador que identificó y escribió la palabra deletrea otra palabra de su lista y se sigue el mismo procedimiento hasta que todas las palabras de las dos listas hayan sido deletreadas. El equipo vencedor será el que obtenga mayor puntuación.

LETRAS EN DESORDEN ✌

OBJETIVO

Práctica del vocabulario estudiado.
Ejercicio de fijación de la ortografía.

DESARROLLO

Los jugadores en equipos. El profesor dará a cada equipo una lista de diez palabras retiradas del vocabulario de dominio del grupo. Las letras que componen estas palabras están en desorden. El primer equipo que logre escribir nuevamente la lista con las palabras en orden será el vencedor. Las diez palabras tienen que formar parte de una unidad temática (restaurante, prendas de vestir, ciudades, profesiones, etc). El profesor podrá también proponer otro procedimiento para este juego. En vez de repartir listas, puede escribir en la pizarra una palabra en desorden. El primer equipo que sepa identificarla deberá dictarla y marcará un punto. El profesor seguirá escribiendo las palabras hasta terminar la lista que ha preparado con diez, quince o veinte. Gana el equipo con mayor cantidad de puntos.

"DESTRABALENGUAS" ✌

OBJETIVO

Práctica de la pronunciación.

DESARROLLO

El profesor prepara una serie de cinco frases de pronunciación difícil y las distribuye entre los equipos.
Los jugadores disponen de dos minutos para preparar su lectura. Se sortea uno de cada equipo que las leerá, en voz alta a todos. Se asignará un punto a cada frase correcta. Vence el equipo con menor número de faltas.

EJEMPLOS

a) Don Rafael Rodríguez se rascó la faja roja con la rama del naranjo.
b) La olla de la paella cayó sobre la silla y el suelo se llenó de pollo y centollo.
c) La mesa de la casa de José es azul y la de Susana es rosa.
d) Panchito plancha su bombacha de gaucho con la plancha a carbón.
e) El general Gerineldo es generoso con los gitanos que no tragan la ginebra.

JUEGOS CON NUMERALES

¿ME DAS TU TELÉFONO? ✌

OBJETIVO

Utilización de numerales.

DESARROLLO

Alumnos en diversos grupos. Uno se dirige a otro y le dice *«¿Me das tu teléfono?»*. Entonces, el receptor de la pregunta dice su número de teléfono y éste pasa a pertenecer a la persona que lo pidió. El que lo regaló se queda sin teléfono y deberá pedirle uno a otro compañero del grupo. Siempre que alguien regale su número de teléfono se quedará sin teléfono y deberá pedirlo a otra persona.

Al regalar el teléfono, la persona deberá decir el último número de teléfono que recibió de regalo.

En el caso de que sea muy difícil la memorización, el participante podrá apuntarlo en un papel y leerlo.

El juego sigue y unos preguntan a otros: *«Perdona, ¿cuál es exactamente tu número de teléfono?»*.

La persona debe contestar el número del último teléfono que le regalaron.

Cuando alguien se equivoca o tarda mucho en decirlo sale del juego.

El juego finaliza cuando acaba el tiempo determinado por el profesor o cuando haya un campeón en cada grupo.

VARIACIÓN

¿A CUÁNTOS ESTAMOS?

Se sortea el mes. Se empieza la situación partiéndose del día real o no, según la necesidad de entrenamiento detectada por el profesor.

Los días prosiguen en el más allá de lo normal. Ejemplo: *«Estamos a ochenta y siete de octubre»*.

Quien yerra o no sepa el número y el mes paga una prenda.

En el caso de que haya interés, se sortea otro mes. El cómputo ahora podrá ser por serie: cinco en cinco, diez en diez, cien en cien, según la necesidad del grupo.

Se podrá variar pidiendo matrícula del coche, número de la casa, talla de ropa, etc.

RUEDA DE NÚMEROS ✌

OBJETIVO

Fijación de los numerales, rapidez.

DESARROLLO

Los alumnos divididos en equipos y sentados en corro. Cada alumno recibe por sorteo una tarjeta con su número y la pega con cinta adhesiva en lugar visible del cuerpo. Cada equipo elige quién empezará el juego.

El primer jugador se presenta por su número y dice el número de otro compañero que levantará la mano y seguirá el juego señalando el número de un tercero. El jugador que se equivoque será excluido.

El juego terminará en el plazo previsto por el profesor y ganará el equipo que tenga mayor número de miembros.

La elección de los numerales se hará previamente por el profesor, de acuerdo con el nivel del grupo.

EJEMPLO

Números elegidos (nivel elemental)

0 - 2 - 6 - 7 - 8 - 9 - 10 - 12

Cero llama a doce
Doce llama a seis
Seis llama a dos

MATRÍCULA PAR O IMPAR ✌

OBJETIVO

Reconocer los numerales y las letras del alfabeto.

DESARROLLO

Los alumnos divididos en dos grandes grupos. El profesor prepara diversos cartones con matrículas de coche de terminación par e impar y los mete en una bolsa. A una señal dada, un representante de cada grupo saca un cartón y sin mirarlo dice si es par o impar. Si acierta, gana un punto para su equipo. Enseguida lo lee en voz alta, mostrándolo a todos. Si lo lee correctamente, gana cuatro puntos más. A continuación será el turno del oponente.

Los jugadores de ambos equipos se van turnando hasta que llegue al último participante. Gana el equipo que consiga más puntos.

NÚMEROS DE TELÉFONO ✌

OBJETIVO

Practicar la lectura y la escritura de numerales.

DESARROLLO

Los participantes en dos equipos forman cola delante del pizarrón dividido en dos partes.

El profesor habrá preparado tarjetas con números de teléfono en cantidad suficiente.

El profesor entrega una tiza a los dos primeros que sortearán una tarjeta. En seguida los dos se dirigen al pizarrón y escriben por extenso los numerales que les tocaron. Vuelven y le dan al próximo jugador la tiza, éste seguirá el juego, sorteando una nueva tarjeta.

Al final, para cada numeral correcto, se contabilizará un punto.

Gana el equipo con mayor número de puntos.

VARIACIÓN

Los jugadores de los dos equipos jugarán individualmente. El profesor escribirá diez números de teléfono en la pizarra.

Los jugadores los escribirán por extenso, en su hoja, en el tiempo establecido.

Terminado el tiempo, el profesor recogerá las hojas de cada equipo y las entregará al adversario, quien procederá a la corrección indicando la puntuación obtenida. Por cada número de teléfono correctamente escrito, se asignará un punto. Los resultados por equipo se obtienen sumando la puntuación individual.

JUEGOS CON MÚSICA

PREGUNTAS Y RESPUESTAS ✌

OBJETIVO

Entrenamiento de comprensión auditiva, memoria y producción verbal.

DESARROLLO

El profesor trae o les pide a los alumnos que traigan canciones en español.

El primer equipo elige una canción y la pone para que sea escuchada por los demás. Durante la audición (dos veces) este equipo elabora preguntas sobre la música escuchada hasta un máximo de diez. Finalizado el tema musical, el equipo dirige sus preguntas a otro equipo. Éste responde. Si lo hace correctamente, gana dos puntos; si no, los gana el equipo que hizo la pregunta.

El juego continúa con el mismo mecanismo, turnándose los roles de equipo formulador de preguntas y de equipo que contesta.

EJEMPLOS DE PREGUNTAS

a) *¿Quién canta?*
b) *¿En qué año o década esta canción se hizo popular?*
c) *¿Qué dice la canción sobre «tal» tema?*
d) *¿A qué género musical pertenece?*

"BOCHINCHE" MUSICAL ✌ ✌

OBJETIVO

Creatividad.
Asociación de ideas a través del desarrollo de músicas.

DESARROLLO

Los alumnos estarán dispuestos en corro. Alguien inicia la charla musical, cantando un verso de una canción conocida. Alguien del grupo contestará con otra canción. Los demás del grupo podrán cantar juntos observando la señal de cierre de la canción que será dada por aquel que la inició.

Ejemplo:

1er. alumno(a): *Es la historia de un amor como no hay otro igual*

2°. alumno(a): *¿Por qué no para, reloj?*

3º. alumno(a): *Ya no estás más a mi lado corazón…*

4º. alumno(a): *Te recuerdo Amanda, la calle mojada*

5º. alumno(a): *Acaricia mi ensueño el suave murmullo de tu suspirar*

6º. alumno(a): *Por el camino verde, camino verde que va a la ermita*

7º. alumno(a): *Dicen que la distancia es el olvido, pero yo no concibo esta razón*

8º. alumno(a): *Y ¡viva, España!, la gente siempre escuchará, y ¡viva, España!*

9º. alumno(a): *Buenos días, América, ¿cómo estás? ¡Muy buena!*

10º. alumno(a): *Gracias a la vida, que me ha dado tanto*

El tiempo del juego será determinado por el reloj (diez minutos) o por el interés del grupo.

TRABAJANDO CON CANCIONES ✌ ✌

OBJETIVO

Composición creativa estimulada por la música.
Comprensión auditiva.

DESARROLLO

El profesor elegirá previamente una canción. Los alumnos divididos en grupos discutirán sobre el sentido de una frase o expresión que haya sido sacada de la canción por el profesor. Por ejemplo, «gracias a la vida», en el caso de la canción de Violeta Parra. A continuación, se reparte la canción original para escuchar y cantar.
Tras la audición, nuevamente reunidos en grupos y con base en el comentario anterior, cada grupo intentará crear estrofas, ampliando la canción oída. Al final cantarán su versión a los demás.

CANTANTES Y CANCIONES ✌ ✌

OBJETIVO

Producción oral.
Entrenamiento de la memoria.

DESARROLLO

En una bolsa se colocan fotos de cantantes de la actualidad.
Cada equipo extraerá una foto y tendrá cinco minutos para decir el nombre del cantante y cantar una estrofa de una canción que le pertenezca. El equipo que siga una estrofa más ganará puntuación.
En caso de cantantes brasileños, los alumnos deberán traducir la estrofa al español antes de cantarla.
Así que termine la canción se sacará otra foto y se empezará nuevamente el juego

TERTULIA MUSICAL ✌ ✌

OBJETIVO

Intercambio oral estimulado por la música.
Práctica de la comprensión auditiva.

DESARROLLO

El profesor trae una música previamente seleccionada y la pone una vez a los alumnos. Éstos, dispuestos en grupos, tras oírla, intercambiarán impresiones sobre lo oído (lo que les sugiere la canción, de qué habla, etc.). Después de esa breve sesión comentada, cada grupo elige a un representante que reproduce el comentario y las ideas discutidas a los demás compañeros.

El profesor les hace escuchar otra vez la canción y entre todos se discute la propiedad o no de los comentarios anteriores.

Los grupos vuelven a reunirse y cada uno redactará su versión final de la canción basándose en lo oído y lo discutido en el aula.

ENCADENAMIENTO LÓGICO ✌ ✌

OBJETIVO

Creatividad, memoria, fluidez verbal y asociación de ideas.

DESARROLLO

Los alumnos divididos en dos grandes grupos. Se elige al jugador que va a comenzar. Éste debe cantar en español una canción cualquiera y a la señal dada por el profesor detener el canto. Un participante del grupo contrario debe comenzar otra canción que tenga relación lógica con alguna de las palabras cantadas por el participante anterior.

EJEMPLO

1) «¿Dónde vas Alfonso XII?
¿Dónde vas triste de ti?
*Voy en busca de **Mercedes***
Que ayer tarde no la vi...

*Las **farolas** del palacio*
ya no quieren alumbrar
*Porque se ha muerto **Mercedes***
Porque se ha muerto Mercedes
y luto quieren llevar.»

2) «Esta noche no alumbra
*La **farola** del mar.*
Esta noche no alumbra
Porque no tiene gas.»

A TRAVÉS DE CANCIONES ✌ ✌ ✌

OBJETIVO

Reconocimiento de palabras y estructuras a través de la comprensión auditiva.
Fijación de determinado vocabulario.

DESARROLLO

El profesor prepara previamente una hoja con la letra de una canción en la que algunas estructuras y palabras hayan sido alteradas.

Los jugadores dispuestos en equipos. El profesor asigna a cada equipo un color y le da una tiza correspondiente. El profesor les hace a los participantes escuchar la canción una vez. Tras esta primera escucha, el profesor reparte la hoja con la letra de la canción y los equipos hacen las correcciones que crean pertinentes, según lo oído. Eligen a miembros que van simultáneamente a la pizarra y apuntan las correcciones hechas. El profesor pone la canción por segunda vez y los jugadores tienen la posibilidad de efectuar algún cambio, pero con el cuidado de no borrar ninguna palabra escrita anteriormente (pueden escribir al lado de lo escrito).

Al final, será vencedor el equipo que haya corregido correctamente más palabras y expresiones de la primera vez.

VARIACIÓN 1

Tras la primera audición, el profesor reparte las hojas y les dice a los jugadores que el texto contiene un número equis (diez, por ejemplo) de faltas con relación a la canción original. Pone la canción una vez más y los equipos deberán localizarlas. Vence el primer equipo que lo haga correctamente en la pizarra.

VARIACIÓN 2

El profesor pone la canción dos veces. Antes de hacerla escuchar por tercera vez, les avisa a los jugadores que será la última vez y que enseguida cada equipo deberá escribir en la pizarra el mayor número de elementos (frases o palabras) que componen esta canción. Escuchada la canción por última vez, los miembros de cada equipo, cada uno a su turno, se dirigirán a la pizarra y seguirán la orientación dada. El profesor marcará un tiempo para esta etapa, finalizado el cual ganará el equipo con mayor cantidad de elementos. Al final, en una sesión colectiva, se escucha la canción y se comenta lo que cada equipo ha escrito.

JUEGOS DE PRÁCTICA GRAMATICAL

PALABRA CLAVE ✌

OBJETIVO

Práctica de vocabulario y expresión oral.

DESARROLLO

En un sobre el profesor pondrá diversos sustantivos y adjetivos. El grupo se sienta en corro. El profesor o el grupo determina quién va a empezar. Esta persona saca del sobre la primera palabra, con la cual iniciará una historieta. En seguida, pasa el sobre al de al lado. Quien realiza el sorteo y sigue la historia pasándole el sobre a otro. Éste se encargará de la secuenciación de la historia.

El juego finalizará cuando el último alumno haya trabajado la última palabra.

No hace falta que la historia sea real y que tenga una precisión muy lógica. Lo importante es que cada palabra sorteada sea empleada con creatividad y una cierta secuenciación.

VARIACIÓN

Al final del juego, todo el grupo, sorteando de dos en dos palabras ya trabajadas, deberá intentar la elaboración de un poema en conjunto.

¿SABEN UDS. "CANICAR"? ✌

OBJETIVO

Fomentar la producción oral a través del mecanismo pregunta/respuesta.
Práctica del sistema verbal español en cuanto a su valor semántico de acción.

DESARROLLO

CANICAR es un verbo inventado que puede reemplazar todos los verbos españoles. Los alumnos se disponen en grupos. En cada uno, un participante elige un verbo o una expresión verbal cualquiera sin comunicárselo a los demás. Éstos tendrán que adivinarlo a través de preguntas al compañero.

El juego puede seguir con otro participante que escogerá otro verbo.

EJEMPLOS DE VERBOS O EXPRESIONES VERBALES

Cantar, escribir, reír, correr, barrer, fregar platos, jugar al fútbol, llamar por teléfono, desayunar, etc.

1) ¿Se puede *canicar* en el aula?

2) ¿Todos pueden *canicar* ?

3) ¿Tú sabes *canicar* ?

4) ¿Se puede *canicar* por la noche?

DOMINÓ DE VERBOS ✌ ✌

OBJETIVO

Fijación de formas verbales.

DESARROLLO

En este dominó proponemos la actividad de fijación de formas verbales estudiadas. Cada grupo deberá tener un máximo de dos participantes.

Las piezas del dominó serán grandes y traerán el modo y tiempo en un lado y la forma verbal en el otro. El juego consiste en unir correctamente las piezas. Se buscará la forma verbal correspondiente al modo y tiempo indicados.

Esas dos personas recibirán venticuatro fichas, doce con el tiempo y modo y otras doce con las formas verbales, siendo cada tipo de un color. Se sortea el jugador que empezará el juego. Éste retirará una ficha y la pondrá sobre la mesa mostrando lo que contiene. A continuación sorteará la respuesta. Si acierta, sigue jugando. En el caso de que retire una ficha equivocada, pasará la vez a su oponente. Gana el jugador que complete el dominó.

VARIACIÓN

BINGO DE VERBOS

Para grupos mayores se sugiere un bingo verbal que consistirá en cartones con diversas formas verbales. De una bolsa se van retirando uno a uno papeles que contienen indicación de modo y tiempo y reservándolos para posterior conferencia. A cada papel leído, el alumno buscará la forma en su cartón y la marcará con un grano. Ganará el que marque primero el mayor número de recuadros. Al final del juego se comprobará con los demás alumnos los aciertos del vencedor.

DÉJAME PASAR ✌ ✌

OBJETIVO

Desarrollo de la capacidad argumentativa.

DESARROLLO

Los jugadores dispuestos en parejas se ubican con las palmas enfrentadas y apoyadas mutuamente. A una señal del profesor, uno de los miembros de cada pareja empuja levemente al otro diciéndole: «Déjame pasar porque ...» Le da una razón. El otro sólo aceptará su motivo si no comete ninguna falta. En caso de error, el jugador tiene que reformular su argumentación. Luego se invierten los papeles.

ROMPECABEZAS DE FRASES ✌ ✌

OBJETIVO

Elaboración de frases a partir de material disponible.

DESARROLLO

El profesor prepara varias frases y tarjetas de modo que cada palabra esté escrita en una tarjeta y además haya tarjetas en blanco y dos comodines por frases (partículas de enlace, preposiciones, conjunciones). Las frases estarán incompletas. Se mezclan las tarjetas y se colocan con lo escrito hacia abajo. Hay tantas tarjetas como jugadores.

El juego consiste en que cada jugador saque una tarjeta y busque entre los compañeros a los que combinen para formar cada frase. El que tenga una tarjeta en blanco completará la frase con una palabra que tenga sentido. Al final se leen las frases elaboradas.

ANTES Y DESPUÉS DEL TÓNICO ✌ ✌

OBJETIVO

Establecer vínculos de ideas.
Desarrollo del lenguaje oral.
Práctica de relatos con estructuras temporales determinadas.

DESARROLLO

Se forman equipos. El profesor les dice lo siguiente: «En el botiquín de la casa uds. encuentran un frasco con una etiqueta que pone **Memochiquín, tónico para retornar al pasado...** Ahora, van a discutir cuántas cucharadas tomarán. Cuando lo hagan, se transformarán y se encontrarán en una escena correspondiente a la etapa elegida. ¿Dónde están? ¿Qué ocurre allí?»

El profesor puede sugerir que:

TOMANDO	SE REGRESA
. una cucharada	. a algún punto olvidado de la niñez
. dos cucharadas	. al jardín de infancia
. tres cucharadas	. al año anterior

Finalizado el tiempo, cada equipo relata su experiencia a los demás. Si hay interés, se repite otra vez el juego, tomando una cantidad distinta del tónico para explorar otro momento del pasado.

VARIACIÓN

En lugar de tomar del tónico Memochiquín, hay también en el mismo botiquín otro

: Futurex, tónico para explorar el futuro
:edimientos de la actividad descrita.

IES

eatividad y rapidez mental.

ias de varias canciones conocidas: treinta tarjetas rojas,
einta amarillas con verbos y treinta azules con adjetivos.
quipos. Cada equipo elige, al azar, una de las canciones y
olor.
lo por el profesor, cada equipo tendrá que reemplazar en la
ras por las que recibieron, al azar, en las tarjetas de color.
uipo canta la canción con los reemplazos que ha logrado.
do reemplazar todas las nueve palabras dentro de una lógica.

tintas formas de los verbos en condicional en la expre-

a a todos los participantes en el juego quienes deberán
inventiva. Se le dará a cada uno un minuto para pen-
a la ronda de respuestas, el profesor hará otra pregunta de mismo
estilo o invitará a un alumno a hacerlo.

EJEMPLOS DE PREGUNTAS

a) Si fueras alguien famoso, ¿quién te gustaría ser?
b) Si fueras un país, ¿qué país te gustaría ser?
c) Si tras tu muerte pudieras volver, ¿quién te gustaría ser?
d) Si fueras un película, ¿qué película serías?

¿POR QUÉ? PORQUE...

OBJETIVO

Fomentar la creación lingüística libre.
Práctica de estructuras lingüísticas específicas.

DESARROLLO

Este juego tiene como base la técnica surrealista conocida como «pequeños papeles» o papelitos. Los participantes se colocan por parejas. Uno le hace al otro una pregunta cualquiera que empieza por: «¿por qué...?». Éste le contesta de la forma que le parezca más sugerente, estableciendo rápidamente una asociación insólita o graciosa entre pregunta y respuesta. Cada pareja compondrá un sistema de cinco preguntas y respuestas. Para cada respuesta el jugador dispone de un minuto.

Al final del tiempo marcado por el profesor, las parejas se cambiarán y el que preguntó antes, tendrá que responder ahora.

Si los participantes manifiestan interés, entre todos se hará una lista con las preguntas y respuestas más interesantes.

PREGUNTAS SIN FIN ✌ ✌

OBJETIVO

Práctica del intercambio oral y de las distintas estrategias de formulación de preguntas.

DESARROLLO

Los participantes se distribuyen en dos grandes equipos, A y B. A cada turno, dos jugadores, uno de cada equipo, se ponen uno frente al otro. Deberán sustentar durante treinta segundos una conversación lógica empleando nada más que preguntas. El jugador que no consiga encontrar nuevas preguntas, resulta perdedor.

Para grupos a partir del nivel intermedio este juego puede ser utilizado para practicar los verbos. Se puede imponer desde el inicio una condición temporal: todas las preguntas deben tener verbos en futuro, pretérito indefinido, pretérito perfecto, etc.

EJEMPLO

(Con el Pretérito Perfecto)

1°.) ¿Has dormido bien esta noche?

2°.) ¿Qué has dicho?

1°.) ¿No me has comprendido?

2°.) ¿Tú crees que has hablado suficientemente alto?

1°.) A propósito, ¿has hablado con Miguel sobre lo ocurrido ayer?

2°.) ¿Por qué me lo preguntas? ¿Crees que me lo he encontrado?

1°.) ¿No lo has visto todavía? ...

BUENOS TIEMPOS ✌ ✌

OBJETIVO

Práctica de oposiciones de tiempo y aspecto verbal.
Uso del lenguaje oral en relatos.

DESARROLLO

Los jugadores dispuestos en dos grandes equipos, A y B. El profesor establece una oposición: imperfecto/indefinido, por ejemplo. Dos jugadores, uno de cada equipo inician el juego. El primero dice una frase en el imperfecto (una proposición completa) y el otro debe inmediatamente decir otra en el indefinido, formando así una unidad de sentido. A continuación dice otra frase en imperfecto que será completada por el primero del equipo A. Se sigue el mismo procedimiento hasta que todas las parejas formadas siempre por un jugador del equipo A y otro del B hayan jugado.

Si un jugador tarda mucho o se equivoca, su equipo pierde un punto.

EJEMPLO

(Imperfecto/Indefinido)

1°.) Era de noche

2°.) Llamaron a la puerta

Nosotros cenábamos…

1°.) …llegó Rafael

PALABRAS-CLAVE ✌ ✌ ✌

OBJETIVO

Práctica de distintos tipos de textos escritos.
Entrenamiento de lectura.

DESARROLLO

Los jugadores se disponen en equipos. El profesor les reparte hojas de papel y les pide a cada uno que escriban en ese orden un nombre, un verbo, un adjetivo, un adverbio y dos preposiciones. Cuando todos estos elementos figuren en la hoja, el profesor plantea a cada equipo qué tipo de texto deberán redactar: relato, descripción, carta, artículo periodístico, mensaje publicitario, etc. El profesor marca un tiempo. Finalizada la redacción, cada equipo lee la suya en voz alta y entre todos se escogen los mejores textos.

EJEMPLO

a) mesa b) informar c) agotado d) pronto e) en, con

Redacción: una carta

Distinguido señor:
Hemos recibido su carta con el encargo de una mesa estilo Luis XVI. Sentimos informarle que este mueble en nuestro inventario se encuentra agotado, pero como ya hemos hecho una petición de renovación, creemos que muy pronto, dentro de unos quince días, ya lo tendremos a disposición de nuestros clientes. En el caso de que le interese, le rogamos entrar en contacto con nosotros a través de nuestro fax: (041) 243-1628. En espera de su respuesta, lo saludamos muy atentamente

Botero
Muebles Antiguos

JUEGOS DE VOCABULARIO

ASOCIACIÓN DE PALABRAS ✌

OBJETIVO
Práctica de vocabulario.

DESARROLLO
Los alumnos, distribuidos en grupos con la misma cantidad de participantes, forman corros.

Una persona del grupo, previamente elegida, dice una palabra. La persona de al lado dice otra que tenga algo que ver con la palabra anteriormente dicha. Sigue el listado de palabras hasta el último participante. El juego sigue rápido. Cada participante tendrá pocos segundos para pensar.

Saldrá del juego aquel que tarde demasiado o no sepa qué decir.

El vencedor de cada equipo disputará el juego con los demás vencedores de los otros grupos.

Será campeón aquel que consiga decir la última palabra de la asociación.

EJEMPLOS
a) CABEZA: ojos, cerebro, mentón, oreja, cejas, párpados...
b) MANO: muñeca, hueso, piel, pulgar, índice, medio, anular, meñique, articulación...
c) PAPEL: cuaderno, libro, letra, cometa, regalo, diseño...

CÓMPUTO INTERNO ✌

OBJETIVO
Concentración.
Manejo de los numerales.
Vocabulario.

DESARROLLO
El profesor pide a los alumnos que cierren los ojos y que cuenten con él hasta diez. A partir del once los alumnos seguirán contando silenciosamente. El profesor marca treinta segundos en su reloj. Terminado el tiempo dará una señal. Los alumnos abrirán los ojos y dirán,uno a uno, a qué número han llegado.

A continuación, cada uno dirá la primera palabra que le venga a la cabeza al finalizar la respuesta. El profesor hará un listado de las palabras, clasificándolas por tipos en el pizarrón y las discutirá con los alumnos.

EJEMPLOS DE PALABRAS

a) manzana

b) zapato

c) dinero

d) mañana

e) fiesta

f) león

g) empanado

h) falda

i) cheque

j) noche

l) estudios

ll) lección

Posteriormente los alumnos harán una exposición oral intentando la utilización de la mayoría de las palabras.

REPITIENDO PALABRAS ✌

OBJETIVO

Práctica de vocabulario.
Entrenamiento de la memoria.

DESARROLLO

Las personas se sientan en corro. Una es elegida para el inicio del juego. Esta persona elige un asunto y la primera palabra. Todos los participantes del juego deberán repetir todas las palabras dichas por el grupo en el orden en que aparecieron y decir la suya: tiza, cuaderno, bolígrafo, regla, libro, ventana, techo, lámpara, puerta...

El profesor sugerirá la repetición más lenta, más rápida o normal en cada momento.

FÁBRICA DE PALABRAS ✌

OBJETIVO

Composición de palabras.
Reconocimiento y manejo de los fonemas.

DESARROLLO

Se escriben palabras de igual cantidad de sílabas y se distribuye la misma cantidad por equipo. Cada grupo recibirá escritas en un papel cinco palabras. Por ejemplo:

madreselva

caminante

terremoto

carromato

lagartija

Con ellas deberá formar la mayor cantidad posible de palabras, con la condición de que tengan sentido.

A modo de muestra, con el listado anterior:

madre, selva, lagarto, terrenos, cama, moto, torre, carro, mato, etc.

Se pueden repetir sílabas ya utilizadas.

Al término del tiempo establecido, el profesor otorgará puntuación a cada equipo (diez puntos por cada cinco palabras).

ASOCIACIÓN LIBRE ✌

OBJETIVO

Práctica de vocabulario.
Uso del lenguaje oral.

DESARROLLO

Los alumnos se disponen en corro. El primero dice una palabra cualquiera, la primera que se le ocurra. El siguiente dice otra y así sucesivamente. Se puede interrumpir el juego en el momento en que uno de los participantes lo solicite para añadir o comentar algo sobre la última palabra dicha por el compañero. También se puede pedir explicación sobre el significado de una palabra.

FOTO INSTANTÁNEA ✌

OBJETIVO

Capacidad de observación.
Práctica de vocabulario específico.

DESARROLLO

Los alumnos se dividen en parejas. Cada uno observa al compañero durante diez segundos y pasa a describirlo: físicamente, prendas de vestir, complementos que lleva, etc. Luego le toca al otro hacer lo mismo. Los demás actúan de observadores, vigilando si no ha faltado ningún detalle.

INVESTIGACIÓN SOBRE UN OBJETO ✌

OBJETIVO

Práctica de vocabulario en la descripción.

DESARROLLO

Los alumnos se distribuyen en grupos. Cada grupo escogerá un objeto de la sala o de una revista y tratará de describirlo, agotando todas sus características durante el tiempo marcado por el profesor. Terminado el plazo, cada grupo presentará a los demás el resultado de su trabajo.

ÁRBOL GENEALÓGICO ✌

OBJETIVO

Práctica de vocabulario específico relativo a la familia.

DESARROLLO

Los participantes disponen de hojas de papel, lápices y goma de borrar. El juego consiste en que cada jugador haga en una hoja su árbol genealógico. Las mujeres serán representadas con un círculo y los hombres con un cuadrado. Se comienza desde el propio jugador y sus hermanos y se va ascendiendo con cada generación anterior.

Terminado el gráfico, el profesor pedirá a algunos de los alumnos que hagan un breve relato sobre sus familiares aportando datos como fecha de nacimiento, actividad profesional, características físicas e intelectuales, etc.

CONOCER PALABRAS RARAS ✌

OBJETIVO

Enriquecimiento de vocabulario.
Manejo del diccionario.

DESARROLLO

Los jugadores dispuestos en equipos. Cada equipo busca en el diccionario cinco palabras que le parezcan raras e interesantes.

En un papel anotan las palabras elegidas y en otro sus significados. Se doblan los papeles y se colocan en dos sobres: uno las palabras y el otro con los significados. Se marcan los sobres con las letras del alfabeto: A-A; B-B;… Cada equipo deberá conservar una copia de su lista.

Un representante de cada equipo saca al azar un par de sobres con palabras y significados, excepto los propuestos por su propio equipo.

Los equipos tienen que combinar cada palabra con una de las definiciones propuestas.

Terminado el tiempo estipulado, los equipos presentan las correspondencias entre palabras y significados. El equipo que elaboró cada lista será el juez, asignando un punto por cada acierto.

Gana el equipo con mayor puntuación.

FORMAR PALABRAS ✌

OBJETIVO

Cooperación y creatividad para la formación de palabras.

DESARROLLO

Los participantes deambulan recorriendo el espacio disponible, mientras repiten en voz cada vez más alta la palabra que cada cual eligió. A una señal del profesor se detienen permaneciendo en la posición exacta en que percibieron dicha señal y con la palabra interrumpida por donde hubieran llegado.

En seguida, buscan entre los participantes más próximos uno o más con quienes puedan formar una palabra, la cual puede constituir un neologismo o una palabra absurda.

Una vez elaboradas las palabras, los alumnos las dicen en voz alta, intentando darles una significación.

Al final, entre todos, se eligen las palabras más interesantes.

¿QUÉ OFICIO LE DAREMOS? ✌

OBJETIVO

Práctica de vocabulario específico relativo a las profesiones.

DESARROLLO

Los jugadores se colocan formando una ronda. Cinco integrantes serán los responsables de asignar las profesiones de los demás.

Cada jugador desfilará ante todos mostrando sus cualidades. A continuación el jurado deliberará y determinará un oficio o profesión, explicando las razones de la elección.

El jugador en cuestión, puede o no aceptar la función indicada, argumentando sobre ello.

LA FINCA DE PEPITO ✌

OBJETIVO

Práctica de vocabulario.
Uso del lenguaje oral.

DESARROLLO

Los alumnos se dividen en dos o más equipos. Cada alumno elige una legumbre, fruta u hortaliza que va a ser y lo anuncia a voces: papaya, aguacate, manzana, higo, naranja, ciruela, cereza, plátano, lima, uva, limón, lechuga, repollo, col, coliflor, berenjena, remolacha, patata, zanahoria, mostaza, maíz, garbanzo, lenteja, poroto... No se puede repetir.

Acabada la elección, una persona del grupo empieza el juego anunciando:

- Fui a la finca de Pepito, pero allí no había poroto.

En este momento, la persona que eligió el poroto debe decir rápidamente:

- Poroto hay, lo que no hay es zanahoria.

La persona que se encargó de la zanahoria debe contestar prontamente:

- Zanahoria hay, lo que no hay es manzana.

El juego sigue. Cada jugador debe procurar contestar lo más rápido posible.

El jugador que se equivoque por repetir nombres ya dichos o inexistentes no sigue participando. Ganará el juego el equipo que tenga mayor cantidad de participantes en acción.

Al finalizar el juego, el profesor dirigirá una discusión con la clase dividida en dos equipos.Cada equipo se encargará de la defensa de la vida en tierras de labranza o en la ciudad.

VARIACIÓN 2

a) Discusión acerca de la alimentación de la mayoría de las personas.

b) Lo que le gusta a uno comer diariamente.

VARIACIÓN 3

a) Modificación de la historia

Todos forman parte de la casa. Uno va a ser la puerta, va a decir para qué sirve, qué oye, de qué manera es utilizada por chicos, jóvenes y viejos, su limpieza, sus diálogos con el cerrojo y con las cosas que ve: el techo, las lámparas, la ducha, el fogón, la nevera (frigorífico), la alfombra, la cama, la almohada, la ventana, los cubiertos (cuchara, cuchillo, tenedor), el fuego, el comedor, etc…

b) Todos forman parte de la ciudad. Cada uno elige lo que va a ser: autobús, metro, plaza, edificio, ascensor, escalera automática, tiendas, viaducto, los pordioseros, los ricos, los coches de lujo, los escaparates…

SUGERENCIA

Si fuera necesario, antes de iniciar el juego el profesor puede ampliar el vocabulario correspondiente al tema, escribiéndolo en el pizarrón.

SÍMBOLOS CREATIVOS ✌

OBJETIVO

Fomentar la creatividad, la interpretación de símbolos tradicionales y la estructuración de frases.

DESARROLLO

El profesor reparte entre los equipos periódicos en desuso y cinta adhesiva.
El profesor habrá confeccionado una lista de símbolos tradicionales. Los habrá escrito en pequeños papeles y colocado en una bolsa.
Cada equipo tomará tres papeles de la bolsa y tendrá diez minutos para confeccionar símbolos creativos partiendo de los que le tocaron. Para ello utilizará el material dado por el profesor. No vale escribir palabras, éstas deberán ser recortadas de los diarios.
Al cabo de diez minutos cada equipo presenta su creación.
Los alumnos elegirán los mejores trabajos.

EJEMPLOS

SÍMBOLO TRADICIONAL

Prohibido aparcar.

SÍMBOLO CREATIVO

Prohibido acostarse.
Permitido leer.

LOS COLORES ✌

OBJETIVO

Práctica del vocabulario de colores.
Empleo del vocabulario conocido.

DESARROLLO

Los alumnos se dividen en grupos y se colocan en corro. Cada grupo elegirá a una persona que empezará el juego. Ésta dice el nombre de un color y a continuación el de un compañero. Éste deberá decir el nombre de un objeto, animal o elemento que tenga el color mencionado. Tras decirlo, este mismo alumno seguirá el juego con otro color.
Los colores pueden repetirse, pero los nombres no. Si alguien repite un nombre, estará eliminado. Gana el grupo que consigue mantenerse con más jugadores, dentro del tiempo establecido al inicio.

CAJÓN DE SASTRE ✌

OBJETIVO

Empleo del vocabulario conocido.
Práctica de la enumeración.

DESARROLLO

Los alumnos divididos en grupos deciden quién empezará el juego en cada uno de ellos. El primer jugador dice:

«En mi cajón hay...» (una foto, un anillo, un botón, una mariquita, un pendiente, etc.)

El siguiente debe repetir la frase añadiendo otra palabra. Al tercero le tocará repetir la frase del segundo y añadir otra palabra más.
El juego sigue hasta el último jugador, pero los participantes que se equivoquen serán eliminados.

VARIACIONES

A) Con el propósito de introducir un aspecto de broma, el profesor solicitará a los estudiantes que mencionen objetos muy grandes que normalmente no cabrían en un cajón: barco, avión, caballo, autobús, etc.

B) En lugar de citar nombres de objetos, se utilizarán nombres abstractos: el amor, la bondad, la belleza, la amistad, etc.

PALABRA INTRUSA ✌

OBJETIVO

Reconocimiento del vocabulario.
Práctica de la discriminación auditiva.

DESARROLLO

El profesor prepara una o más listas de diez palabras cada una que contengan el léxico estudiado.

El profesor lee despacio la primera lista. Los alumnos escuchan, pero no pueden tomar notas. Luego el profesor lee una vez más la lista rápidamente, sin pausas entre las palabras.

Por fin, el profesor lee por última vez la misma lista, cambiando una o dos palabras. Los alumnos tendrán que identificar y escribir la(s) palabra(s) intrusa(s).

EJEMPLO

A) pie	B) silla	C) manzana
cabeza	mesa	plátano
ojos	ropero	durazno
orejas	ducha	fresa
rodilla	ventana	limón
mano	sillón	cereza
mejillas	alfombra	almendra
frente	lámpara	sandía
brazos	almohada	piña
mentón	sábanas	ciruela

Sugerencias de palabras intrusas:

A) cejas, espaldas   B) fogón, nevera   C) nuez, naranja

FÚTBOL DE PALABRAS ✌

OBJETIVO

Ampliación e identificación de palabras antónimas.

DESARROLLO

Los alumnos serán divididos en equipos. El profesor propone pares de palabras de significación opuesta mezclados. Los alumnos deberán buscar la correspondencia entre ellas. Por cada par encontrado, el equipo marcará un gol. Gana el equipo con mayor número de goles.

VARIACIÓN

Cada equipo, al inicio del juego, recibe un sobre con los mismos pares de palabras opuestas. El vencedor será el que concluya primero la correspondencia entre ellas en el tiempo determinado por el profesor.

EL ARBOLITO DE NAVIDAD ✌

OBJETIVO

Empleo del vocabulario conocido.

DESARROLLO

Cada participante escribe en un papel qué le regala a uno de sus compañeros, y doblándolo coloca el nombre visible del destinatario y del remitente. Repite esta operación con tres compañeros más. Se colocan en un lugar todos los papeles y alguien los va repartiendo. El que recibe el papel lo lee, y escucha del remitente la razón de dicho regalo. De los tres regalos, al menos una razón será absurda.

El profesor podrá introducir palabras nuevas según la solicitud de los estudiantes.

VARIACIÓN

El que recibe el regalo puede rechazarlo justificando el porqué y diciendo qué le gustaría recibir a cambio.

ADIVINANZAS ✌

OBJETIVO

Práctica de vocabulario básico.
Fomentar la creatividad lingüística.

DESARROLLO

El profesor prepara previamente una serie de palabras del vocabulario básico en español (mar, chimenea, viento, reloj, escalera, etc.) Los jugadores en grupos reciben tres palabras. Cada equipo tendrá que preparar adivinanzas para los compañeros en función de las palabras que le tocaron. El profesor establecerá un tiempo para esa actividad. Al final, cada equipo propondrá a otro sus adivinanzas.

El profesor planteará al inicio del juego un límite máximo de frases para las adivinanzas: tres, por ejemplo.

EJEMPLOS DE ADIVINANZAS

A)   a) A veces estoy tranquila, otras, violenta.

          b) Puedo llevar hacia lo lejos o traer a la tierra.

          c) Yo empiezo donde termina la tierra.

          (Respuesta: la mar)

B)   a) Soy de madera, de piedra o de hierro.

          b) Soy recta o retorcida.

          c) Subo o bajo.

          (Respuesta: la escalera)

LISTA DE RECUERDOS ✌

OBJETIVO
Fijación de vocabulario.
Estimular la memoria.

DESARROLLO
El profesor prepara previamente fichas con dibujos, fotos o imágenes de objetos, con la palabra correspondiente indicada. Los participantes en equipos reciben un número determinado de fichas y las observan detenidamente durante un minuto. Terminado el tiempo, el profesor recogerá el material y los jugadores deberán preparar una lista de todo lo que han visto.
Resulta vencedor el equipo que lo hace primero.
El profesor puede repartir las fichas sin la palabra que señala el objeto. Se puede seguir el mismo procedimiento varias veces y entonces vencerá el equipo que haga la lista más larga con el menor número de faltas ortográficas.

OBSERVANDO AL OTRO ✌

OBJETIVO
Estimular la observación.
Desarrollar el lenguaje oral.
Incentivar la desinhibición.

DESARROLLO
Grupos de alumnos sentados frente a frente.
El profesor marca cinco segundos para que cada uno observe al otro.
Finalizado el tiempo, todos cierran los ojos y cada uno describe al otro en los más mínimos detalles: postura, color del pelo, peinado, color de los ojos, forma de mirar, rasgos del rostro (ojos, nariz, boca, orejas), si lleva puesto reloj, pulsera, pendientes, etc.

OBSERVACIÓN
La actividad podrá ser repetida diversas veces, cambiándose las parejas.

DICCIONARIO ✌ ✌

OBJETIVO
Composición de párrafos.
Coherencia y cohesión textual.

DESARROLLO
El profesor selecciona de periódicos, revistas o libros diversos párrafos. En cada párrafo deja en blanco una o más palabras. Los párrafos con las lagunas serán reescritos en tiritas dobladas y metidas en una bolsa.
En otra bolsa el profesor pondrá las palabras que faltan con, por lo menos, dos significados más.

Los alumnos, dispuestos en pequeños grupos, retirarán de las bolsas los párrafos, y tantas palabras cuantas sean las lagunas.

Los jugadores de cada equipo podrán comercializar las palabras.

Ganará el equipo que llene la mayor cantidad de blancos, en un tiempo determinado por el profesor.

VARIACIÓN

Las frases se quedarán con los equipos.

Las palabras se quedarán con el profesor. Éste sorteará una cada vez y la leerá. El grupo que la necesite deberá decir un sinónimo o un antónimo de la palabra sorteada, para tener derecho a ella.

EQUIVOCADO ✌ ✌

OBJETIVO

Práctica de vocabulario, atención y memoria verbal.

DESARROLLO

Los alumnos dispuestos en corro. Un alumno saca de una caja un papelito con la indicación de un sustantivo-clave y lo dice en voz alta. Los demás piensan en otra palabra asociada al sustantivo, la escriben pero no la mencionan. Dada una señal, el alumno que retiró el papelito empieza el juego. Cuando diga la palabra elegida por otro compañero, éste se levantará, protestará y aclarará no ser aquel sustantivo el que falta y dirá enseguida otro. En caso de que diga alguna palabra que no haya sido pensada por el grupo, pagará una prenda determinada por el profesor o por los demás.

EJEMPLOS

A) Sustantivo-Clave: Novia

> *1ª. frase:* Vi a una novia que no tenía guirnalda
> *Protesta:* El alumno que eligió la palabra guirnalda dirá:
> guirnalda la tenía, lo que no tenía era... (el anillo,
> medias, zapatos, padrino, novio, ramo de flores, sombrero, velo, etc.)

B) Sustantivo-Clave: Frutería

> *1ª. frase:* En la frutería del señor Gómez no hay manzanas
> *Protesta:* El alumno que eligió la palabra manzanas se levantará diciendo:
> Manzanas hay, lo que no hay son...(plátanos, higos, ciruelas,
> granadas, fresas, melocotones, etc).

C) Sustantivo-Clave: Cuerpo humano

> *1ª. frase:* En este cuerpo humano no vemos el hígado
> *Protesta:* El hígado lo vemos, lo que no vemos es/son... (la cabeza,
> los brazos, los pies, los ojos, el vientre, los párpados, etc).

MESA REVUELTA ✌ ✌

OBJETIVO

Ampliación e identificación de palabras sinónimas.

DESARROLLO

El profesor propone un conjunto de palabras que incluya series distintas de sinónimos, pertenecientes al vocabulario estudiado, pero mezcladas unas con otras, para que los alumnos las distingan.

DIBUJANDO LAS NOTICIAS ✌ ✌

OBJETIVO

Ejercitar la rapidez, el ingenio, la expresión gráfica y verbal sintética.

DESARROLLO

El profesor elige una determinada cantidad de titulares de periódicos y los mete en una bolsa. Los jugadores se dividen en dos equipos. A cada jugador, le toca un titular e intenta transmitirlo a través de dibujos a sus compañeros de equipo, dentro del plazo establecido. No se puede hablar para definir la incógnita; pero se puede dibujar todo lo que se desee con tal de que no se escriban palabras. Si los compañeros lo adivinan, el equipo se anota puntos de acuerdo con la siguiente tabla:

    a) en menos de treinta segundos: cinco puntos

    b) entre treinta segundos y un minuto: tres puntos

    c) entre un minuto y dos: dos puntos

    d) entre dos y tres minutos: un punto

Los dos equipos podrán jugar a la vez con tal de que haya árbitros en el grupo contrario que marcarán el tiempo y la puntuación.

PAPELES PLEGADOS ✌ ✌

OBJETIVO

Ejercitar la creatividad y el vocabulario.

DESARROLLO

Cada equipo recibe un número determinado de hojas de periódicos o revistas y elige una noticia o una publicidad con la que va a trabajar. El juego consiste en hacer pliegues dejando a la vista una pista que lleve al contenido del material elegido. Este material será presentado al equipo oponente que deberá adivinarlo en un plazo máximo de un minuto. Por cada descubrimiento corresponde un punto. Si no se logra descubrir, el equipo que preparó el plegado ganará la puntuación correspondiente.

TUTTI-FRUTTI ✌ ✌ ✌

OBJETIVO

Fomentar la agilidad mental y la memoria.
Práctica de vocabulario.

DESARROLLO

Todos los participantes disponen de lápiz y papel. Cada papel tendrá columnas de manera que los alumnos puedan rellenarlas según lo determinado por el profesor y los demás participantes. Se pueden poner los apartados que se deseen. Una sugerencia sería:

- . animales
- . plantas
- . herramientas
- . útiles escolares
- . utensilios de cocina
- . nombres de varón
   nombres de mujer

Todos juegan al mismo tiempo durante tres minutos. El profesor controla el tiempo. Un alumno elige una letra como inicial y la dice en voz alta. A partir de ese momento, todos deberán rellenar las columnas con el mayor número posible de palabras que comiencen con la inicial elegida.

Pasados los tres minutos, los participantes, por turno, leerán en voz alta las palabras que escribieron. Cada palabra vale un punto. A las palabras raras y únicas se le asignarán dos puntos. Gana el jugador que consiga mayor número de puntos.

JUEGOS PARA LA PRÁCTICA ORAL

AQUÍ HAY DE TODO ✌

OBJETIVO

Utilización de vocabulario específico en situación comunicativa.

DESARROLLO

El profesor selecciona diversos tipos de tiendas (panadería, carnicería, zapatería, librería, etc.)

Los alumnos, por parejas, eligen la tienda. Uno será el vendedor y otro el comprador. Según la instrucción del profesor, el diálogo va tendiendo hacia una conversación amistosa o hacia un desentendimiento.

Las parejas trabajarán juntas. Al final el profesor designará a dos parejas para que presenten los diálogos a los demás.

PANCHO ✌

OBJETIVO

Práctica de formulación de preguntas.

DESARROLLO

A un alumno que se ofrezca para la dirección del juego, el profesor le pide que elija a una persona del grupo, sin que nadie perciba quién es.

El que dirige pregunta a cada uno: *«¿Conoces a Pancho?»* Cada persona cuestionada hará una pregunta al que dirige el grupo sobre cómo es Pancho a lo que sólo contestará *sí* o *no*. Al que lo adivine se le dará la oportunidad de dirigir el próximo descubrimiento.

VARIACIÓN

Pancho podrá ser una persona mundialmente conocida.

CHARLATANES ✌

OBJETIVO

Fluidez verbal, imaginación, creatividad.

DESARROLLO

Se forman dos grandes grupos. Todos los alumnos se sientan en corro. Dos jugadores (uno de cada equipo) se colocan en medio del círculo. Dada la señal por el profesor, los dos se ponen a hablar sin interrupción y al mismo tiempo sobre cualquier tema. No es necesario que la conversación de uno tenga relación con la del otro.

Si los dos logran mantener su exposición durante treinta segundos, elegirán a sus sustitutos y se anotarán un punto. En caso contrario, le cabrá al profesor indicar el sustituto. Gana el equipo que consiga más puntos.

VARIACIÓN

Los dos jugadores en el centro del círculo. Uno empieza la charla con una frase y el otro la continúa enlazando su idea con la última palabra de su interlocutor. Ganará el que no pierda tiempo en dar continuidad a lo dicho anteriormente durante un minuto.

SENTIMIENTOS EN DIRECTO ✌

OBJETIVO

Producción oral.
Manejo de elementos argumentativos.

DESARROLLO

Se le entregan revistas a todos los participantes de cada equipo. Se les pide que seleccionen aquellas imágenes que les comunican sentimientos, se les invita a pensar:

a) ¿Qué sentimientos les evoca la imagen?

b) ¿Qué color le pondrían a la imagen?

c) ¿Qué música le pondrían a la imagen?

Todos los integrantes realizarán este pequeño taller en torno a los sentimientos, pero luego elegirán el que más les guste y darán los motivos de la elección en el momento de presentarlo al conjunto.

EL PAÍS SIN ERRORES ✌

OBJETIVO

Intercambio oral.
Invención creativa.

DESARROLLO

Se propone a cada equipo viajar al país sin errores planteándoles:

a) ¿Dónde queda?

b) ¿Cómo se llama?

c) ¿Quiénes son sus habitantes?

d) ¿En qué se parecen a nosotros?

Logrado el país de cada equipo, se presentará oralmente a todos.

VARIACIÓN

Se propone que el país sea Brasil. Los grupos detallarán las reformas necesarias para que se convierta en el país ideal.

ENTREVISTA ✌

OBJETIVO

Formulación de preguntas.
Intercambio oral.

DESARROLLO

Los alumnos se reparten en grupos. En cada grupo se escoge a una persona que será entrevistada por los demás. Los entrevistadores se reunirán por separado y decidirán qué preguntas le van a hacer al entrevistado sin que éste los oiga.

NOTICIA DE PERIÓDICO ✌

OBJETIVO

Práctica de la lectura en voz alta teniendo en cuenta el ritmo y la entonación.

DESARROLLO

El profesor repartirá entre los diversos grupos un diario cualquiera. Los participantes de cada grupo leerán entre ellos algunas noticias y elegirán una para ser leída en voz alta a todos, con entonación y ritmo que corresponda a la emoción o sentimiento sugerido por el texto. El lector será escogido por los participantes del grupo. Finalizada la lectura, entre todos se escogerá el mejor trabajo.

ÉRASE UNA VEZ... ✌

OBJETIVO

Capacidad de elaboración creativa.
Práctica de lectura.

DESARROLLO

Los alumnos en grupos reciben páginas con viñetas o revistas, tijeras y pegamento. Cada grupo, recortando los cuadros o fotos, hace el montaje de una historieta. Terminado el trabajo, cada miembro del equipo contará a los demás una parte de la historieta.
Al final será elegida entre todos la mejor historieta.

DANZA DE PALABRAS ✌

OBJETIVO
Construcción de frases a partir de palabras dadas.

DESARROLLO
El profesor prepara varias tarjetas con una palabra en cada una. Las mezcla y las coloca sobre una mesa de modo que no se pueda leer lo que está escrito. Debe haber tantas tarjetas como jugadores. Al iniciar el juego, cada jugador coge una tarjeta. Mientras suena una música colocada por el profesor, todos caminan por el aula. Interrumpida la música, cada jugador deberá componer con el compañero de su derecha, una frase que contenga su palabra y la del compañero. Transcurridos treinta segundos, las parejas dicen sus frases. La pareja que no haya conseguido formular ninguna frase será eliminada del juego.
El profesor pone nuevamente la música y el juego sigue dentro del tiempo estipulado anteriormente por el profesor.
Serán vencedoras las parejas que se mantengan hasta el final.

COINCIDENCIAS Y DIVERGENCIAS ✌

OBJETIVO
Práctica de vocabulario.
Intercambio verbal.

DESARROLLO
Cada jugador elige la pareja que le parezca más distinta a sí mismo. Se sientan frente a frente y por turno empiezan a decir sus diferencias, explicándolas. Por fin tratan de encontrar algo en común entre ellos.
Terminado este intercambio entre parejas, los jugadores se disponen en corro; la mitad de ellos hablará sobre convergencias y la otra mitad sobre las divergencias encontradas entre ellos.

CONCURSO DE DEFECTOS ✌

OBJETIVO
Fomentar el sentido del humor y la creatividad.

DESARROLLO
Se constituye un jurado, ante el cual desfilarán los participantes. Cada uno tratará de destacar, en forma humorística, aspectos poco aceptados de su físico o personalidad. Al desfilar, el participante traerá una cinta destacando uno de sus defectos.
El juego consiste en mostrarlos ventajosamente.
Al final el jurado otorgará los premios medinate una puntuación de 1 a 10 para cada defecto.

Soy la reina de la belleza porque soy gorda y tengo una nariz muy larga.
Soy el señor músculos porque peso nada más que 45 kg.

EL SABIO DE LA MONTAÑA ✌

OBJETIVO

Creatividad y capacidad imaginativa.
Desarrollo del lenguaje oral.

DESARROLLO

Los participantes se colocan cómodamente. El profesor los invita a cerrar los ojos por un instante para realizar una excursión imaginaria a la montaña donde habita un sabio centenario a quien todos consultan.

El profesor va dirigiendo la excursión. Les dice que observen el camino que va a lo alto de la montaña. ¿Cómo es? ¿Qué hay allí? Llegan a la vivienda del sabio. Éste los invita a pasar. ¿Cómo es el sabio? ¿Cómo es su vivienda? El sabio promete atenderlos a todos. Cada uno puede hacerle dos preguntas. ¿Qué preguntas le gustaría a cada uno dirigirle al sabio?

Terminadas las preguntas, todos se despiden y regresan. Al final, en caso de que haya interés, el profesor puede orientar una breve sesión de comentarios de las experiencias vividas en este viaje imaginario.

LA FAMILIA INVENTADA ✌

OBJETIVO

Fomentar la simbolización de vínculos familiares y la capacidad de expresión oral.

DESARROLLO

Se juega por equipos. El profesor reparte el material necesario para la actividad, especialmente revistas con figuras de personas. Cada equipo deberá recortarlas y con ellas formar «una familia inventada». Luego exponen su trabajo a los demás, creando un perfil para cada miembro de la familia. Entre todos se comentan los trabajos y se elige la familia más interesante.

RECONSTRUCCIÓN ✌

OBJETIVO

Fomentar la exploración de una realidad imaginaria.
Práctica de la producción oral.

DESARROLLO

Se forman equipos de hasta seis participantes. El profesor les plantea la siguiente consigna: «Todos ustedes vivían en un pueblo que fue destruido por un terremoto. Tienen que ponerse de acuerdo para construir una casa para cada uno, con las características y el estilo de vida propios. Así todos imaginarán una casa a su medida.»

Dentro del tiempo determinado, todos piensan en su casa y después de pensarla, hacen el plano de la aldea.
Al final, cada equipo presenta y comenta su trabajo a los demás.

REVISTAS DESCONOCIDAS ✌

OBJETIVO
Fomentar la creatividad.
Estimular la selección de informaciones y la reelaboración de noticias.

DESARROLLO
Los alumnos dispuestos en equipos. Cada equipo recibe revistas, periódicos, hojas en blanco, cinta adhesiva y tijeras.
El profesor marcará quince minutos y en este tiempo los equipos harán el montaje de la portada de una revista inédita con título, fotos y titulares que anuncien el contenido de la publicación.
La publicación tiene que reflejar el pensamiento de todos los miembros del equipo.
Terminado el tiempo estipulado, cada equipo exhibe su revista pegándola con cinta adhesiva sobre el pizarrón.
Los demás jugadores dispondrán de cinco minutos para leer la producción de todos.
Cada equipo pensará cinco preguntas sobre su propia portada y se las formulará a otro equipo.
Por cada respuesta correcta se obtendrán dos puntos. Si el equipo contesta incorrectamente, el equipo que preguntó ganará los dos puntos.

EJEMPLOS DE PREGUNTAS

a) ¿Qué periodicidad tiene nuestra revista?

b) ¿De quién es la foto central?

c) ¿Cuáles son los temas tratados por nuestra revista?

EL ARCA DE NOÉ ✌

OBJETIVO
Práctica de la elección y justificación de lo elegido.

DESARROLLO
Se forman equipos. Cada uno, antes de la finalización del taller, elige qué objeto, animal o planta se llevaría al Arca de Noé para que sobreviva y genere otras especies, y dice a los compañeros por qué lo eligió y qué generará.

LO BUENO DE LO MALO ✌

OBJETIVO

Empleo de estructuras relativas al cuerpo y la salud.
Práctica de valores invertidos.

DESARROLLO

Se forman grupos. Por turno, cada uno se queja de algo de lo que no está conforme, en su físico, su personalidad o sus relaciones. Un compañero replica:
«¡Qué bueno!» «¡Qué suerte!» o «¡Qué malo!» y le da una razón por la que es positivo aquello de lo que se queja.

HOJA DE RUTA ✌

OBJETIVO

Construcción de una narración.
Empleo general de vocabulario y formas verbales.

DESARROLLO

Los alumnos divididos en pequeños equipos traen diarios y revistas, tijeras y pegamento. Se les pide que imaginen un viaje en el tiempo y, de acuerdo al mismo, recorten todas las cosas que les gustaría ir encontrando en el camino.
Se pueden recortar palabras, frases, figuras, etc., y los alumnos las pegarán demarcando una ruta de viaje con sus distintas etapas.
Luego cada equipo explicará a los demás su hoja de ruta.

VARIACIÓN

Antes de empezar el juego, el profesor les explicará a los alumnos que es un viaje ya realizado.

"VEO, VEO" ✌

OBJETIVO

Favorecer la atención y la observación de los elementos del entorno.

DESARROLLO

El jugador elegido para comenzar escoge un elemento del entorno. Todos los demás participantes lo observan detenidamente durante el tiempo previsto para hacer la elección.
Cuando ha pasado el tiempo indicado para la elección del elemento, el jugador que eligió lo anota en un papel. Una vez hecho esto, enuncia en voz alta:
- *Veo, Veo.*
El siguiente jugador pregunta: - *¿Qué ves?*
El primer jugador responde dando una pista: (una cosa, un vegetal, un animal)
El siguiente jugador formula una pregunta que sólo puede ser respondida afirmativa o negativamente.

EJEMPLOS

> - *¿Está vivo?*
>
> - *¿Es grande?*
>
> - *¿Es masculino?*
>
> - *¿Tiene alas?*

Todos los participantes van preguntando por orden. Nadie puede arriesgar la respuesta que cree correcta antes de que le llegue su turno y preguntando directamente: *¿es tal cosa?*

El que adivina tiene derecho a ser el siguiente en elegir el elemento. Si se desea, se puede poner un tope máximo de preguntas, que puede ser señalado por la cantidad de rondas de preguntas que se pueden formular.

Si no se adivina dentro del término estipulado, el jugador que eligió el elemento agregará pistas que lleven al descubrimiento. Si lo desea, seguirá eligiendo otro elemento por haber sido el ganador.

CARTELES DE CARETAS ✌

OBJETIVO

Fomentar la observación y la memoria.
Práctica de vocabulario.

DESARROLLO

El juego requiere una preparación previa: en papeles pequeños, el profesor escribe nombres de personajes de historietas, protagonistas de películas o de series de televisión, haciendo tarjetas en cantidad suficiente según el número de participantes. Otra versión sería que cada jugador escribiera una tarjeta al menos. Hechas las tarjetas, el profesor las mete en una bolsa, el primer alumno sorteará la primera y la pegará con cinta adhesiva en la espalda de su compañero de la derecha sin que éste lo vea. El mismo procedimiento se aplica a los demás, recibiendo el primer jugador la última tarjeta. Un alumno que se ofrezca empezará el juego. Se pondrá en el centro del círculo y dará vueltas para que todos lean lo que lleva pegado. Luego se sienta y los demás le dirán qué regalo le harían de acuerdo con el personaje que lleva puesto. Al finalizar la ronda de regalos, el jugador intentará adivinar quién es. Si eso no se logra, los participantes seguirán diciéndole algo que admiran en él: su fuerza, su inteligencia, su simpatía, etc. Si todavía no le es posible adivinar, los demás le dicen de qué personaje se trata y él pagará una prenda. El juego sigue con otro alumno en el centro.

CUENTO COLECTIVO ✌

OBJETIVO

Práctica de la construcción del relato oral con atención a la secuenciación lógica de ideas.
Estimular la creación libre.

DESARROLLO

El profesor empezará diciendo una frase. Los alumnos, por turno, agregarán otras frases de modo que vayan construyendo un relato con encadenamiento lógico. El profesor grabará la actividad y enseguida con toda la clase la escuchará como ejercicio de análisis. Al final, entre todos, se puede completar el cuento o modificarlo. Para grupos de nivel intermedio o avanzado, el profesor podrá exigir el empleo de conjunciones y adverbios.

La frase que abre el relato deberá contener elementos que estimulen la creación. El profesor no podrá intervenir en el curso del relato ni orientarlo hacia una determinada dirección u otra.

EJEMPLOS DE FRASES PUNTO DE PARTIDA

a) Anoche, al salir de casa, me topé con Miguel Bosé...

b) Esta mañana el despertador no ha sonado como de costumbre...

c) Al volver a casa, Miguel vio un accidente horrible...

d) El sábado pasado se me estropeó el coche cuando venía

por la carretera...

LA MALETA PERDIDA ✌

OBJETIVO

Práctica del vocabulario de identificación y de estructuras de descripción.
Uso del lenguaje oral en una situación comunicativa.

DESARROLLO

Los jugadores forman parejas. El profesor les plantea la siguiente situación: un viajero llega a una ciudad y espera para retirar su maleta. Cuando vienen las maletas, la suya no está. Entonces él se dirige al mostrador de reclamaciones. Cada pareja estará compuesta del viajero y el empleado del aeropuerto (de la compañía aérea). Los interlocutores organizarán un diálogo y solucionarán el problema.

Terminado el tiempo marcado, cada pareja relatará a los demás cómo ha solucionado la cuestión, agregando todos los detalles sobre la maleta y la desaparición.

CINE IMAGINADO ✌

OBJETIVO

Desarrollo de la capacidad creativa.
Práctica de vocabulario.
Organización de ideas.

DESARROLLO

Los jugadores forman equipos. El profesor les dice que deberán imaginar escenas de una película inventada. Podrá sugerir temas para las películas o no.

Los jugadores dispondrán de diez minutos para elaborar el guión.

Finalizado el tiempo, dos representantes de cada equipo se encargarán de presentar las escenas.

En una sesión final se comentarán los trabajos.

CHISTERA DE MAGO ✌

OBJETIVO

Empleo de vocabulario.
Práctica oral.

DESARROLLO

En una caja el profesor coloca objetos y figuras diversos.

Un jugador de cada equipo, sin mirar, retira cinco objetos y los lleva a su grupo.

En cinco minutos cada equipo debe identificar los objetos y hacer el montaje de una historieta utilizándolos todos.

Finalizado el tiempo, los grupos presentan sus creaciones.

VARIACIÓN

En lugar de objetos o figuras, el profesor puede seleccionar palabras diversas.

UN ACONTECIMIENTO AL REVÉS ✌ ✌

OBJETIVO

Secuenciación de ideas en un relato.
Uso del lenguaje oral.

DESARROLLO

Los alumnos forman parejas. Cada persona relata al compañero un acontecimiento real que haya vivido. Al finalizar el relato, el compañero lo vuelve a contar al revés. Después de algunos minutos, el profesor elige a una pareja para que haga el relato al grupo.

ENCUENTRO CON UN LUGAREÑO ✌ ✌

OBJETIVO

Composición creativa.
Fluidez verbal.

DESARROLLO

Cada persona se sienta cómodamente, cierra sus ojos e imagina un paisaje muy bonito y agradable.

Algún tiempo después, surge alguien que vive en aquel lugar. Los dos se observan un rato y luego establecen un diálogo preguntando el uno al otro lo que le venga a la cabeza.

Finalizado el tiempo, algunos alumnos contarán al grupo sobre el lugar y la clase de charla que mantuvieron.

IZQUIERDA EN FIESTA ✌ ✌

OBJETIVO
Práctica de vocabulario.
Intercambio comunicativo.

DESARROLLO
Las personas se sientan en corro. Una persona es elegida para comenzar. Ésta hace un elogio al compañero de la izquierda y éste sigue haciendo un elogio a su compañero de la izquierda. Cuando el elogio llegue a la persona que lo inició, ésta empezará con una crítica negativa a un defecto del compañero de la derecha. Todos siguen criticando al colega de la derecha.

Alguien que se ofrezca hará un informe diciendo cómo se sintió durante las dos situaciones.

HISTORIETA EN RÁFAGAS ✌ ✌

OBJETIVO
Secuenciación lógica de ideas.
Composición creativa.

DESARROLLO
Los alumnos se sientan en corro. El profesor presenta a los alumnos papelitos para sorteo con las siguientes indicaciones: inicio, desarrollo, escenario, suspense, intrigas, punto culminante, personajes principales, personajes secundarios, final.

Con los ojos cerrados hacen la invención del trozo de la historia que a cada uno le corresponda.

Después de algún tiempo, cada uno cuenta al grupo el trecho de la historieta inventada.

Inmediatamente después de la audición de las partes, el grupo hace el montaje de una historieta, utilizando todos los tramos producidos.

Podrán añadir algo que falte a la historia y que le dé una secuencia lógica.

OTRO MUNDO ✌ ✌

OBJETIVO
Composición creativa.
Estructuración de diálogos.

DESARROLLO

El grupo imagina que se encuentra en otro planeta, donde forma parte esencial de este mundo.

Cada persona, partiendo de sus potencialidades y deseos elige para sí una función: rey, reina, princesa, príncipe, mayordomo, el bobo de la corte, el jefe de espionaje, el jefe de la policía, el científico, el científico loco, el astrónomo, el pueblo, etc. El grupo establece diálogos a partir de estos cargos.

UNA MISMA PREGUNTA, DIVERSAS RESPUESTAS ✌ ✌

OBJETIVO

Manejo del mecanismo pregunta/respuesta.
Creatividad.

DESARROLLO

Los alumnos se sientan por parejas. Una persona de la pareja hace una pregunta, repitiéndola varias veces. Cada vez que hace la pregunta, la persona cuestionada contestará con una respuesta distinta. El preguntador hará el cómputo de las respuestas. El que contesta no podrá repetir informaciones. Si éste repite algo, se cambiarán los papeles; el que contestó, preguntará.

Gana aquel que haya contestado mayor número de veces, sin repetición de informes.

"TANTANES" ✌ ✌

OBJETIVO

Creatividad.
Manejo de estructuras consecutivas.

DESARROLLO

Los alumnos repartidos en grupos buscan construir frases según el esquema "tan, tan + adjetivo + que…". Después intercambian las frases con los demás compañeros y las leen en voz alta. Para la redacción de las frases, se marcará tiempo.

VARIACIÓN

El profesor distribuye a cada grupo un listado de diez frases a las que les falta completar con un final divertido. Al final del tiempo fijado cada grupo lee en voz alta lo que ha hecho y todos eligen la(s) frase(s) ganadora(s).

EJEMPLOS

A) Era un hombre tan avaro, tan avaro, que planchaba los billetes y sacaba brillo a las monedas.

B) Era una casa tan alta, tan alta, que se cayó una teja el lunes y llegó al suelo el sábado.

C) Era un hombre tan bajo, tan bajo, que se iba todos los días a la frontera para que le dijeran: "¡Alto!"

SUGERENCIAS

1º.) Era un hombre tan cabezón, tan cabezón, que...

2º.) Era un perro tan vago, tan vago, que...

3º.) Era un coche tan viejo, tan viejo, que...

4º.) Era una mujer tan delgada, tan delgada, que...

5º.) Era un pasillo tan largo, tan largo, que...

MENSAJES TELEGRÁFICOS ✌ ✌

OBJETIVO

Memoria verbal, capacidad auditiva, atención, agudeza.

DESARROLLO

Los alumnos se disponen en equipos de cinco como máximo. Cada equipo se sienta formando un semicírculo. El profesor indicará un sitio en el aula a donde se dirigirá un alumno de cada equipo. Cada uno recibirá por sorteo un mensaje, lo leerá y volverá a su equipo transmitiéndolo al compañero de al lado. Éste lo pasará al siguiente y cuando lo reciba el último, lo escribirá en un papel y lo guardará hasta el momento de leérselo a todos. Ganará el juego el equipo que presente el mensaje más próximo al original.

VARIACIÓN

En lugar de varios mensajes diferentes, todos los equipos reciben el mismo y el vencedor será el que lo escriba y se lo entregue al profesor en primer lugar, con tal de que no haya cometido más de tres faltas.

RECONSTRUYENDO FÁBULAS ✌ ✌

OBJETIVO

Intercambio oral.

Lectura.

Creatividad.

DESARROLLO

Se reparten fábulas entre los diversos grupos de alumnos. Se propone su lectura, teniendo en cuenta la guía. Por ejemplo:

a) ¿Qué harías si fueses el personaje central?

b) ¿Qué ambientación cambiarías para ubicarlo en tu pueblo o ciudad?

c) ¿Qué le cambiarías a la fábula para sentirla tuya?

d) ¿Qué elementos te hacen pensar en tal personaje y cuáles en tal otro?

Luego se invita a formar grupos para intercambiar las fábulas y las respuestas a la guía. Al final los grupos presentarán una dramatización de la fábula a los demás colegas.

DEL DICHO AL HECHO ✌ ✌

OBJETIVO
Creatividad.
Comprensión de formas lingüísticas populares.

DESARROLLO
El profesor pone en el pizarrón cinco frases que correspondan a refranes o dichos populares. Los alumnos en grupos buscarán formas de presentar cada una de ellas de manera distinta por el absurdo o dentro de lo real vivido.

EJEMPLOS
1) Casa con dos puertas, mala es de guardar.
2) La gota constante horada piedras.
3) Cuando las barbas de tu vecino veas pelar, pon las tuyas a remojar.
4) El ojo del amo engorda al ganado.
5) A Dios rogando y con el mazo dando.

DESENMASCARAR PERSONAJES DE TELEVISIÓN ✌ ✌

OBJETIVO
Formulación e intercambio de opiniones.
Creatividad.

DESARROLLO
Como primera etapa del juego, el profesor distribuirá entre los grupos una encuesta titulada: «La Televisión y yo». Los participantes deberán contestar las preguntas discutirlas.

La Televisión y Yo

Lee con atención.
Contesta con espontaneidad.

a) ¿Cuánto tiempo dedicas a mirar la tele?

b) ¿Qué programas sigues? ¿Por qué?

c) ¿Cuáles te gustan más? ¿ Por qué?

d) ¿Hay algún programa que te aburra? ¿Cuál? ¿Por qué?

e) ¿Cuál es el personaje que rechazas de la televisión? ¿Por qué?

Terminada la encuesta, se separan las respuestas, repartiéndolas en personajes rechazados y personajes aceptados.
Se forman grupos basados en esta división. Los componentes del grupo deberán encontrar la mayor cantidad posible de motivos por los cuales aceptan o rechazan a determinado personaje.
Al final los equipos diseñarán un nuevo personaje, dándole o quitándole cualidades y defectos. Así surgirá el personaje deseado.

NOTICIARIO AL DÍA ✌ ✌

OBJETIVO
Manejo del lenguaje periodístico.
Creatividad.

DESARROLLO
Se reparten diarios a todos los participantes. Cada uno elige para exponer una noticia que le llame la atención.

Entre todos, elegirán un coordinador: el conductor del noticiario. La noticia puede ser presentada en forma de sátira, ridícula, dramática, absurdo… pero nunca «seria».

Los presentes darán un premio a la mejor noticia y a la mejor presentación.

Si son muchos los participantes, el juego se puede realizar en forma grupal, eligiendo entre todos una sola noticia.

DE VIAJE HACIA LO MÁS PEQUEÑO ✌ ✌

OBJETIVO
Intercambio oral.
Invención creativa.
Práctica de lectura.

DESARROLLO
Los participantes, divididos en grupos, discutirán entre sí sobre lo que representa lo más pequeño para ellos. Definido este punto, emprenderán un viaje hacia ello. Recibirán los viajeros un guión para ayudarlos en el trayecto.

Por ejemplo:

      a) ¿Cómo se manifiesta lo pequeño elegido?

      b) ¿Con quiénes se puede encontrar?

      c) ¿Qué les llama la atención? ¿Por qué?

      d) ¿Cuáles son los aspectos más interesantes de ese viaje?

Organizado el viaje, cada equipo lo relatará a los demás. El que resulte el más original, será el vencedor.

VARIACIÓN
Cada equipo hará por escrito el relato y lo leerá a los demás compañeros.

CANJE DIFERENTE ✌ ✌

OBJETIVO
Intercambio oral.

Empleo de fórmulas lingüísticas de persuasión y justificación.

DESARROLLO

Los alumnos por grupos montan puestos de canje. Cada grupo decidirá qué cosas pondrá a disposición de los demás (objetos, personas, sentimientos, valores, emociones, etc.). Tales cosas no están en venta, pero pueden ser obtenidas mediante canje con otras.

Cada participante se dirige a los puestos de canje y adquiere lo que desea poseer (el profesor limitará el número de cosas) a cambio de algo de lo que quiere liberarse. Para que el canje se efectúe, el «comprador» tiene que acercarse al «vendedor» y convencerlo de la utilidad o ventaja del «negocio». Si no lo logra, tendrá que dirigirse a otro. El vendedor no puede rechazar más de dos propuestas.

METÁFORAS ✌ ✌

OBJETIVO

Práctica de vocabulario.
Creación verbal inventiva.

DESARROLLO

Los alumnos repartidos en grupos. A cada grupo le tocará producir cinco metáforas, con sus correspondientes razones sobre los compañeros de aula o el profesor.
Al final del tiempo determinado, cada equipo presentará sus metáforas.
Entre todos se evaluarán las metáforas y se puntuarán las mejores.

EJEMPLOS DE METÁFORAS

Eres como una antena porque lo captas todo.

Eres como un loro porque hablas por los codos.

Eres como el noticiero de la tele, siempre traes novedades.

SUPERVIVIENTES ✌ ✌

OBJETIVO

Integración de un proyecto común.
Intercambio verbal.

DESARROLLO

Los alumnos en grupos imaginarán que son los únicos supervivientes de una catástrofe de grandes proporciones. Están en un lugar donde deberán organizarse y formar una nueva sociedad.
Cada equipo se pondrá de acuerdo para realizar este proyecto y al finalizar el juego lo presentará a los demás a través de relato o dramatización de escenas.

FRASES HECHAS ✌ ✌

OBJETIVO
Reflexión crítica sobre frases hechas.
Práctica oral.

DESARROLLO
Los jugadores distribuidos en equipos. Cada equipo tiene que acordarse de cinco frases hechas y escribirlas. A continuación reflexionan sobre ellas, discutiéndolas y mostrando acuerdo o desacuerdo.
Al final los equipos presentan sus comentarios y sus frases hechas.

EJEMPLOS DE FRASES HECHAS
El padre es el jefe del hogar.
Un hombre nunca llora.
La maestra es la segunda madre.

VARIACIÓN
En lugar de escribir frases hechas, los alumnos pueden trabajar con refranes.

SÍ, IGUAL; PERO PEOR ✌ ✌

OBJETIVO
Estimular la capacidad argumentativa ante situaciones negativas.

DESARROLLO
Los participantes dispuestos en parejas. Uno de ellos comienza a relatar al otro una situación aflictiva, por ejemplo: una enfermedad, pérdida de dinero, el paro, etc.
El otro lo escucha y luego le comenta que le pasó lo mismo, pero peor aún, y entra en detalles.
Terminado el tiempo, se cambian las parejas.

ATALAYA ✌ ✌

OBJETIVO
Fomentar la capacidad de observación, escucha y memoria.
Desarrollo del lenguaje oral.

DESARROLLO
Los jugadores en equipos de tres. Se reparten los papeles siguientes: A será el silencioso observador de lo que ocurre; B y C tratarán de mantener un diálogo ubicados uno frente al otro. Pueden desempeñar papeles como:
- marido y mujer;
- profesor y alumno;
- vendedor y comprador;
- novio y novia;

- conductor y pasajero,
- etc…

Terminado el tiempo estipulado se interrumpe el diálogo y A comentará lo que observó.

Al final puede realizarse un comentario que abarque a todos los grupos.

PROFESIÓN: AMA DE CASA ✌ ✌

OBJETIVO

Desarrollo de la capacidad crítica ante situaciones de estereotipo.
Entrenamiento de la capacidad argumentativa.

DESARROLLO

Los alumnos dispuestos en equipos. Cada uno deberá elaborar una lista de todas las actividades cotidianas que son necesarias para mantener el funcionamiento del hogar. Se puede plantear en general o referirse a un día en particular.

Esta lista deberá ser bien detallada e incluir todas las actividades, por más pequeñas e insignificantes que les parezcan, dejando un espacio al lado de cada tarea propuesta. A continuación, el grupo discutirá y decidirá quién realiza cada tarea en el hogar, basándose en lo que ocurre en la vida cotidiana de cada integrante.

Terminado el tiempo, cada equipo presentará la distribución de tareas y explicará el porqué de la elección.

Al final, entre todos, se pueden invertir las indicaciones de realización de las tareas con relación a roles socialmente preestablecidos: madre, padre e hijos.

RESCATE ✌ ✌

OBJETIVO

Elaboración de soluciones frente a situaciones temidas.
Desinhibición y expresión oral libre.

DESARROLLO

Los alumnos se distribuyen en dos grandes grupos. Uno habita en el país del miedo, donde todos padecen distintas clases de miedos imaginarios. Cada uno dirá cuál. El otro equipo es el de rescate, constituido por especialistas que ayudarán a resolver los miedos. Cada «miedoso» elegirá a su especialista y juntos tratarán de proponer formas de librarse de sus temores y de superarlos.

Al final, se exponen las soluciones encontradas y las comentan entre todos.

DESDE EL JARDÍN ✌ ✌

OBJETIVO

Fomentar la capacidad creativa en la formulación de proyectos.
Desarrollo de la expresión oral libre.

Los participantes forman equipos. El profesor les plantea la siguiente consigna: «Una familia muy rica les regala un jardín y uds. se dirigen a tomar posesión de él. Observen con detalle los siguientes aspectos:

¿Dónde está ubicado?
¿En qué condiciones está?
¿Qué tipo de plantas hay?
¿Hay árboles? ¿De qué tipo?

Ahora Uds. van a recorrer el jardín observando si les agrada tal como lo encontraron o si desean realizar alguna modificación. En el caso de que les parezca necesario efectuar cambios, ¿cuáles?»

Al final del tiempo determinado para componer el proyecto, cada equipo expone el suyo y detalla los resultados obtenidos con las alteraciones propuestas.

VARIACIÓN 1

La herencia puede ser un campo de cultivos dejado por un pariente lejano. Los aspectos a observar son: su ubicación, sus dimensiones, qué se cultiva, inconvenientes encontrados (plagas, depredadores, lluvias, etc.), necesidad de cambio, etc.

VARIACIÓN 2

La herencia puede ser una casa. Observar los aspectos siguientes: ubicación, estado en que se encuentra, tipo, dependencias, el vecindario, construcciones en los terrenos cercanos, necesidad de reparaciones...

NO VALE DECIR QUE NO ✌ ✌

OBJETIVO

Fomentar la comunicación verbal.
Llevar a la desinhibición y al conocimiento del grupo.

DESARROLLO

Éste es un juego de preguntas y respuestas en el cual los participantes no pueden negarse a realizar la tarea que les corresponde.

Los participantes se sientan en círculo. El profesor previamente habrá preparado para cada carta de la baraja una tarea correspondiente. Al inicio del juego se sorteará un "palo" (oros, bastos, copas o espadas). La baraja estará compuesta únicamente de cartas de este palo. Cada jugador retira una carta y aguarda su turno. El primer jugador muestra a los demás su carta y entonces el profesor le indicará la tarea que le ha correspondido. El juego sigue con la presentación de las cartas de los demás jugadores y la indicación de las actividades correspondientes a cada uno. Tras la indicación de todas las tareas del grupo, el profesor marcará un minuto y el primer jugador pasará a cumplir su tarea. Como ejemplos de tareas, tenemos:

AS DE ESPADAS: Relata lo realizado en las últimas vacaciones.
Señala una anécdota divertida de este período.

DOS DE ESPADAS:	si pudieras comenzar de nuevo este año, ¿qué cosas volverías a vivir tal como las viviste y cuáles tratarías de hacer de nuevo?
TRES DE ESPADAS:	mira a los presentes. Seguramente hay alguien frente a quien sientes la necesidad de decirle algo o pedirle algo que jamás te animaste a hacer. Hazlo ahora.
CUATRO DE ESPADAS:	eres el director de la película «Blancanieves y los siete enanitos». Elige entre los participantes del juego, incluyéndote a ti, a todos los personajes de la película y di por qué.
CINCO DE ESPADAS:	pide a todos los jugadores que te definan con una sola palabra. Después dirás con cuáles de estas palabras te sientes verdaderamente identificado y por qué.
SEIS DE ESPADAS:	cuenta un chiste o canta una canción conocida.
SIETE DE ESPADAS:	el participante de tu izquierda te va a decir un tema a partir del cual deberás improvisar un monólogo de un minuto.
OCHO DE ESPADAS:	toma un texto al azar y lee en voz alta diez líneas también tomadas al azar para decir luego qué sentiste al leerlo y qué ideas se te han ocurrido a partir de él.
NUEVE DE ESPADAS	nombra a tres personas a las que admiras, cuenta qué cosas de ellas ejercen algún atractivo en ti ¿por qué?
DIEZ DE ESPADAS:	tú conoces los llamados «pecados capitales» -gula, envidia, pereza, soberbia, avaricia, lujuria, ira- di al grupo qué relación tienes tú con cada uno de ellos.
SOTA DE ESPADAS:	si no hubieras nacido en tu país de origen, ¿en qué país te hubiera gustado nacer? Explica el porqué de tu elección.
CABALLO DE ESPADAS:	durante un minuto seguido, sin parar de hablar, intentarás explicar las razones que te indujeron a aprender español.
REY DE ESPADAS:	durante un minuto deberás imitar a los siguientes personajes: un periodista televisivo y un sindicalista.

OBSERVACIÓN

Con grupos mayores de alumnos, el profesor podrá componer cuatro equipos. A cada uno le tocará un palo de la baraja.

SUPERMERCADO INSÓLITO ✌ ✌

OBJETIVO

Fomentar la creatividad.
Desarrollo de lenguaje oral.
Práctica de estructuras de persuasión.

DESARROLLO

Se trata de un juego de imaginación y comunicación, un tiempo de diálogo y humor. Los jugadores forman dos equipos. Cada jugador toma una hoja y confecciona un aviso publicitario que ofrecerá al resto «algo para vender» que él verdaderamente posee por sus características personales, por sus cualidades, por sus virtudes o por su capacidad.

Preparados los carteles, un equipo actuará como visitante del supermercado insólito y el otro ofrecerá sus productos. En el caso de que un visitante se interese por determinado producto, el vendedor tendrá que convencerlo para que se lo lleve. Cada visitante deberá adquirir al menos un producto. A continuación se cambian los papeles.

Terminado el plazo establecido para los negocios, cada comprador comunica a los demás qué compró y por qué.

EJEMPLOS DE CARTELES

a) Ofrezco un rato de charla para dar algún consejo.

b) Cuento chiste gracioso.

c) Canto canción que le alegrará la vida.

d) Hago mueca que le provocará risa.

e) Escribo poema cualquier tema.

f) Preparo platos exquisitos.

EXPLORADORES ✌ ✌

OBJETIVO

Fomentar el espíritu de investigación y la comunicación verbal.

DESARROLLO

Los jugadores se dividen en equipos. Al comenzar el juego se dan claramente las consignas. La exploración se realizará dentro de un tiempo predeterminado (quince minutos). Cada equipo elegirá tres elementos del reino mineral, tres del reino vegetal y tres del mineral.

La exploración tiene un doble objetivo: reunir datos explicativos sobre cada elemento según la experiencia y conocimiento de cada uno e inventar una historia, uniéndolos dentro de una narración lógica.

Puede estipularse alguna prenda para el equipo que no haya conseguido integrar todos los elementos dentro de la historia.

NOTICIAS DEL PERIÓDICO ✌ ✌

OBJETIVOS

Fomentar la expresión oral a partir de esquemas informativos.
Estimular la creatividad.

DESARROLLO

Los participantes en equipos. Cada equipo recibe una noticia del periódico.
Solamente un miembro del equipo la leerá silenciosamente sin mostrarla a los
demás. Los compañeros deberán hacerle preguntas de modo que le ayuden a reconstruir el suceso con el mayor número posible de detalles. El interrogado sólo podrá
contestar *sí* o *no*. Terminado el tiempo, los participantes reunirán las informaciones
y reconstruirán la noticia.
Al final, el que la leyó en su versión original comenta la versión del equipo, compa-
rando las dos en sus semejanzas y diferencias.

VARIACIÓN

El juego puede organizarse a partir de algo extraordinario, inusitado, agradable o
desagradable que le haya ocurrido a un miembro del equipo o del que éste haya sido
testigo. Los compañeros le harán preguntas para tratar de adivinarlo. Al final, éste
relatará lo ocurrido a los compañeros.

EL VISITANTE MISTERIOSO ✌ ✌

OBJETIVO

Práctica del vocabulario de identificación personal.
Entrenamiento del lenguaje oral en una situación comunicativa determinada.

DESARROLLO

Los participantes forman parejas. El profesor parte de la siguiente situación: un
director de una oficina encuentra sobre su mesa un mensaje: «Volveré mañana»,
con una firma ilegible.
Le pregunta a su secretaria quién lo ha dejado. Ésta le dice que se le ha olvidado
preguntar su nombre. El director entonces interroga a su secretaria para tratar
de saber quién es el visitante misterioso.
En cada pareja habrá un director y una secretaria, quienes establecerán un diálogo para solucionar la cuestión.
Al final, terminado el tiempo estipulado, cada pareja explicará a qué conclusiones ha
llegado, detallando los elementos que les llevaron a definir al visitante misterioso.

INTERROGATORIO PERSONAL ✌ ✌

OBJETIVO

Fomentar la creatividad en el mecanismo de formulación de preguntas y respuestas.

Uso del lenguaje oral.

DESARROLLO

Los participantes reciben una hoja de papel. El profesor les plantea la siguiente consigna: « escriban cinco preguntas divertidas y originales».

El profesor entonces distribuirá las hojas entre los jugadores. Cada jugador deberá leer y contestar oralmente sus preguntas. Podrá negarse a responder una pregunta que le parezca demasiado personal, pero estará obligado a justificarlo.

Al final, entre todos se puede hacer una selección de las mejores preguntas y respuestas.

CUADROS DE UNA EXPOSICIÓN ✌ ✌

OBJETIVO

Desarrollo de la observación y de la imitación.
Práctica oral.

DESARROLLO

Los alumnos serán divididos en equipos de entre cinco y diez personas.

El profesor ofrecerá a los alumnos lienzos famosos en reproducción.

Los alumnos observan los cuadros en sus más mínimos detalles, durante cinco minutos, haciendo los comentarios que sean necesarios.

Después de la observación, cada equipo elige a un coordinador que les ayudará en la reproducción en vivo del cuadro.

La cantidad de alumnos para la reproducción del cuadro debe ser igual al número de personajes del mismo.

Cada jugador explicará a los demás qué personaje o elemento del cuadro representa.

Acabada la imitación, el profesor dará al tribunal de alumnos el original del lienzo y éste verificará las semejanzas e indicará las divergencias.

Terminado el trabajo, se discutira con el grupo el desarrollo de la experiencia.

ENTREVISTA RÁPIDA ✌ ✌

OBJETIVO

Desarrollo de la fluidez verbal.

DESARROLLO

Los jugadores, por parejas, deciden quién será el periodista y quién el entrevistado.

El profesor habrá seleccionado previamente variados temas.

Sorteado el tema correspondiente, la primera pareja deberá proceder a la entrevista en un tiempo límite de dos minutos. Dentro de este plazo, el periodista deberá hacer cinco preguntas y obtener del entrevistado las respuestas.

La pareja que no cumpla esta consigna pagará una prenda establecida por todos.

El juego sigue con el sorteo de otras parejas.

Vacaciones, libros, fiestas, playas, enfermedades, televisión, cine, alimentación natural, etc.

RECORDANDO UNA EMOCIÓN ✌ ✌

OBJETIVO

Práctica oral.
Utilización de vocabulario.

DESARROLLO

El profesor les explica a los alumnos que la actividad se establecerá a partir de recuerdos personales. A cada indicación, todos deberán recordar momentos ya vividos. El profesor propondrá a algunos alumnos que lo relaten a los demás.

SUGERENCIAS

a) Una gran emoción alegre o triste.

b) El recuerdo más lejano de la niñez.

c) Fuertes emociones que te vienen siempre a la memoria y

que consideras en primer lugar en tu plan de vida.

d) Una persona que te marcó positiva y hondamente y el porqué.

e) Un miedo, una pesadilla, un mal rato.

HOMICIDIO A OSCURAS ✌ ✌ ✌

OBJETIVO

Fomentar la comunicación.
Llevar a la desinhibición.

DESARROLLO

Se reparten las trece cartas de un palo de la baraja entre los participantes. Cada uno mantiene en secreto la carta que recibió y tendrá el comportamiento señalado para ella:

• El as será el asesino;

• El rey será el detective;

• El caballo sólo podrá responder sí o no y está obligado a decir siempre la verdad;

• La sota sólo podrá decir sí o no y está obligada a mentir siempre;

• El asesino puede mentir o decir la verdad, según su conveniencia;

• Los números pares colaborarán con el detective respondiendo al interrogatorio con la mayor cantidad de detalles que puedan;

- Los números impares responderán al interrogatorio sin ofrecer detalles;
- El número siete podrá ayudar al detective sugiriéndole preguntas.

Antes de iniciar el juego, el detective saldrá del aula.

Tras repartir las cartas, los jugadores con los ojos cerrados, a excepción del asesino, deberán deambular por la sala. El asesino elegirá una víctima y se le acercará tocándole levemente el hombro. Ésta gritará de manera que todos se enteren que alguien ha muerto. El asesino huye hacia algún lugar de la sala y se sienta, los demás jugadores abren los ojos y se mantienen sentados en el mismo sitio.

El detective entrará en la sala, avisado por el profesor, y comenzará un interrogatorio entre los presentes para tratar de descubrir al culpable. Él puede formular tres preguntas a cada jugador y hacer sus deducciones. Al final de la ronda de preguntas deberá decir quién es el asesino.

Otra posibilidad es deducir la identidad de otros jugadores, por descubrir qué carta han recibido. Si acierta, obtiene el derecho de formular dos preguntas más al jugador identificado.

En el caso de que no acierte, el jugador no puede revelar su identidad.

Finalizada la última posibilidad de preguntar, el detective debe anunciar el resultado de su deducción. Si logra identificar el asesino, será el ganador. Si no lo logra, el asesino será el ganador.

INCENDIO EN LA TORRE ✌ ✌ ✌

OBJETIVO

Fomentar la capacidad de argumentación y elección en situación problemática. Utilización de vocabulario.

DESARROLLO

Los jugadores en equipos de cinco. Deben imaginar, estimulados por el profesor, que están en el piso treinta de un edificio de viviendas que se encuentra en medio de un terrible incendio y es necesario resolver la dificultad que se les presenta: hay que descender los objetos por la grúa de bomberos, que sólo aguantará hacerlo una vez y llevando un máximo de 450 kilos. Cada objeto deberá estar acompañado de su dueño. Se debe tener en cuenta el propio peso de cada jugador.

En el piso treinta están los siguientes objetos:

- 50 kilogramos de oro en lingotes de 5 kg. cada uno;
- un baúl de recuerdos personales de los jugadores que pesa 80 kg.;
- un sofisticado equipo de audio, que pesa 15 kg.;
- una computadora con el trabajo de los últimos diez años que pesa 25 kg.;
- un archivo fotográfico único, original, que pesa 20 kg.;
- un piano de concierto, pieza única en el mundo, que pesa 80 kg.

Cada equipo deberá elegir quiénes bajan y con qué objetos. Terminado el plazo estipulado por el profesor, el equipo debe anunciar su propuesta, defendiendo sus ideas.

Al final, se discute entre todos cuál fue la solución más acertada, de acuerdo a la realidad de cada grupo.

EL «OPAITEMA» ✌ ✌ ✌

OBJETIVO

Relatar situaciones límites exagerándolas humorísticamente.

DESARROLLO

Los alumnos se sientan en círculos de hasta doce participantes y, por turno, inventan por relevos una narración donde ocurren peripecias extremas, hasta llegar al «opaitema», es decir, al colmo de los contratiempos relatados.

En caso de que se quiera seguir jugando, el profesor redistribuirá a los alumnos en círculos.

NOTA: *Opaitema* es una palabra guaraní que se utiliza en el sentido de «es lo último que puede pasar», «es el colmo».

CADA OVEJA CON SU PAREJA ✌ ✌ ✌

OBJETIVO

Práctica de estructuras lingüísticas de carácter argumentativo.

Ampliación de conocimientos lingüísticos a través de los refranes como muestras de cultura.

DESARROLLO

El profesor prepara pares de refranes sinónimos o relacionados. Cada refrán va escrito en una tarjeta. Hay tantas tarjetas como participantes del juego. Las tarjetas se colocan sobre una mesa de modo que no se lean las frases.

Los participantes sacan cada uno una tarjeta, y buscan hasta encontrar a alguien que forme pareja con su refrán.

Al final los dos alumnos que formaron pareja tienen que explicar por qué los refranes se corresponden.

VIDEOCLUB "HISTORIAS DE LA VIDA" ✌ ✌ ✌

OBJETIVO

Empleo de vocabulario y formas verbales.

Práctica de narración colectiva siguiendo un orden lógico de ideas.

DESARROLLO

El profesor invita a los alumnos a imaginar que van al videoclub donde están clasificadas distintas historias de vida originales. Todas son estrenos, nadie las ha visto nunca.

Los alumnos en grupos eligen una que les parezca interesante e imaginan que la pasan en su vídeo. Paran la proyección en una determinada escena que les llama la atención.
Si la escena es triste o desagradable, los alumnos la cambiarán, minimizando los hechos.
Al final, cada equipo relatará a los demás su historia.

VARIACIÓN

Los alumnos en círculo eligen a uno que empezará a relatar una película cualquiera. El profesor determinará el tiempo del relato. A una señal, el narrador detiene su historia y los demás, a partir de la última escena, modificarán la película original. A cada alumno le tocará añadir una escena.

REPORTAJE IMPROVISADO ✌ ✌ ✌

OBJETIVO

Fomentar el interés por la investigación y la comunicación verbal.

DESARROLLO

Los alumnos dispuestos en grupos eligen un lugar que será el tema de su investigación, de acuerdo con el material ofrecido por el profesor (folletos turísticos, revistas, periódicos, enciclopedias, diccionarios, etc.). Teniendo en cuenta ese material, cada equipo tratará de investigar sobre el lugar elegido, preparará un informe con las siguientes informaciones básicas: cantidad de habitantes, extensión, puntos turísticos, comidas típicas, actividades laborales, fiestas, etc.
Terminado el plazo establecido por el profesor, cada equipo presentará su informe total o parcialmente, a los demás. Si algún miembro de otro equipo conoce algún detalle interesante sobre el lugar presentado, dispondrá de un tiempo determinado para añadir esa información.

QUEMARSE LOS SESOS ✌ ✌ ✌

OBJETIVO

Fomentar la creatividad y la interacción entre grupos.
Liberar la expresión oral para encontrar soluciones a problemas o conflictos.

DESARROLLO

Los alumnos se distribuyen en pequeños equipos. El profesor les propone un problema real o imaginario. Los equipos discuten oralmente todas las soluciones posibles que les vengan a la cabeza para solventarlo durante cinco minutos.

Terminado el tiempo, cada equipo presenta sus soluciones sin comentarlas.

El profesor marca nuevamente tiempo y los equipos se ponen a discutir entre ellos todo el inventario de soluciones encontradas.

Terminado el plazo, los equipos harán preguntas sobre las soluciones propuestas por los compañeros, en el sentido de comprenderlas mejor, aclarar algún detalle o ampliarlas.

La regla del juego permite que el que sea interrogado dé cualquier respuesta lógica, dentro de un ambiente de creación inventiva.

Finalmente los equipos elegirán las cinco soluciones que consideren más interesantes y se las leerán a los demás, justificando su elección.

OBSERVACIÓN

Los problemas propuestos pueden ser de carácter general como: «¿qué hacer para mejorar la circulación en una gran ciudad?» o particular como: «¿cómo se podría mejorar el curso de español?»

Esa actividad puede ser utilizada para «calentar» o preparar un debate.

EL CONCEJO MUNICIPAL ✌ ✌ ✌

OBJETIVO

Práctica de estructuras argumentativas.

Empleo de relaciones lógicas con especial énfasis en los enlaces de subordinación.

Uso del lenguaje oral en la exposición de un problema y búsqueda de soluciones.

DESARROLLO

Los participantes forman equipos. El profesor les plantea un problema: «cada equipo imagina que es el concejo municipal de una ciudad y tiene que reunirse para tomar una decisión sobre determinado problema.» Los equipos pueden aceptar, rechazar o alterar los proyectos examinados.

Terminado el tiempo de reunión, cada concejo presentará a los demás sus argumentos, justificaciones, conclusiones y sugerencias teniendo en cuenta los miembros que lo componen, sus edades, ocupaciones profesionales y características de comportamiento.

Como alternativa, en lugar de trabajar sobre el problema planteado, cada equipo puede formular su propia situación conflictiva.

EJEMPLOS DE PROBLEMAS

a) una cadena extranjera de hoteles quiere instalar una estación de esquí o un puerto deportivo en un pueblecito lejano;

b) en una playa, turistas practican el nudismo: las autoridades y los habitantes del lugar están horrorizados;

c) ¿un antiguo edificio en un casco histórico debe ser derribado para la instalación de un moderno centro comercial?

EL ROMPECABEZAS ✌ ✌ ✌

Práctica de estructuras de asociación.
Fomento de la creatividad y la imaginación.
Uso del lenguaje oral.

El juego se organiza teniendo en cuenta las etapas de un trabajo de imaginación creativa. Los jugadores se disponen en equipos. El profesor les plantea una cuestión que invite a la reflexión y a la creatividad y les explica que para tratar el problema deberán seguir forzosamente los siguientes pasos:

1º.) ¿Cómo aumentarlo?

2º.) ¿Cómo achicarlo?

3º.) ¿Cómo invertirlo?

4º.) ¿ Cómo sustituirlo?

5º.) ¿Cómo asociarlo?

Los equipos contestarán a las preguntas y debatirán sus soluciones. Terminado el plazo estipulado, las presentarán a todos. Al final, entre todos, se pueden escoger las más interesantes, divertidas, etc.

La cuestión propuesta por el profesor es el uso y el mejoramiento del paraguas. Posibles soluciones para las diversas etapas son:

1º.) el paraguas-pareja para dos personas
el paraguas-familia

2º.) el paraguas inflable
el lápiz-paraguas

3º.) el paraguas-acuario: lo utilizamos para recoger el agua del techo
cuando hay goteras

4º.) el campo magnético individual contra lluvia

5º.) el paraguas-espada
el paraguas-lanza cohetes

Lo fundamental es a través del juego practicar la aceleración, intensidad y diversidad de las producciones orales.

DEBATIR IDEAS ✌ ✌ ✌

Práctica de lectura y argumentación.
Uso del lenguaje oral.

DESARROLLO

Los jugadores por equipos reciben textos distintos que presentan situaciones polémicas.

Tras la lectura oral realizada por los participantes de cada equipo, se debatirán los siguientes aspectos:

- pasajes del texto que han llamado más la atención;

- descripción de los personajes;

- inventario de los problemas;

- soluciones posibles;

- alteraciones que les gustaría hacer;

- añadiduras al texto original.

Al final, cada equipo presenta su trabajo.

PRINCIPIO Y FINAL ✌ ✌ ✌

OBJETIVO

Desarrollo de la capacidad de estructurar ideas a partir de la conclusión.
Uso del lenguaje oral.

DESARROLLO

Los participantes forman equipos y eligen un texto conocido (historieta infantil, cuento, novela, película, etc.). Disponen de cinco minutos para esquematizar las líneas generales. Terminado este tiempo, cada equipo empezará a contar la historia a partir del final.

Cada narrador estará obligado a encadenar los hechos para conducir la historia hasta su comienzo.

UNA FALSA EXCUSA ✌ ✌ ✌

OBJETIVO

Práctica de vocabulario.
Manejo de estructuras argumentativas.

DESARROLLO

El profesor presentará al grupo, una a una, diversas invitaciones. Todos las aceptarán, pero nadie acudirá a la cita. La actividad consiste en imaginar una disculpa plausible, justificando la ausencia.

El profesor indicará a algunos alumnos para exponerlo a los demás.

SUGERENCIAS

a) Invitación para la boda de un ex-novio.

b) Invitación para el cumpleaños del abuelo.

c) Invitación para las bodas de plata del jefe.

d) Reunión de vecinos para tratar de la aplicación de multas ante el no cumplimiento del reglamento del edificio.

e) Reunión de padres y profesores con el objetivo de discutir la situación de negligencia del hijo en sus obligaciones estudiantiles.

JUEGOS PARA LA EXPRESIÓN ESCRITA

MENSAJES QUE CAMINAN ✌

OBJETIVO

Expresión escrita.
Uso del lenguaje oral.

ACTIVIDAD

Cada persona escribe su propio nombre en una hoja y se la pasa al compañero de la izquierda. El compañero escribe un mensaje en la hoja y se la pasa al otro a su izquierda.

Las hojas pasan de mano a mano hasta que vuelvan a sus dueños. Éstos leen los mensajes, eligen uno y hacen un comentario diciendo si están de acuerdo o en contra, explicando el porqué.

LO PEOR SERÁ LO MEJOR ✌

OBJETIVO

Fomentar la creatividad ante situaciones conflictivas.
Práctica de la producción escrita y lectura.

DESARROLLO

Se forman equipos y cada uno buscará imaginar la situación más ridícula y embarazosa que les pueda ocurrir.
Escribirán entonces el argumento y lo leerán a todos.
Al final los grupos votarán cuál fue la situación más catastrófica y presentarán su solución al problema.

"CUENTACUENTOS" ✌

OBJETIVO

Fomentar la creatividad, la capacidad de expresión oral y la secuenciación lógica de ideas.
Práctica de la lectura en voz alta.

DESARROLLO

Se forman grupos y se entrega una hoja en blanco y un lápiz o bolígrafo a cada uno.

El profesor les dice: «Van a contar entre todos un cuento. Uno hará de secretario y lo escribirá. Empieza uno con una frase, continúa el siguiente y así hasta completar el relato. Uds. dispondrán de diez minutos para hacerlo».

Terminado el tiempo, se leen los cuentos resultantes y se elige el mejor.

VARIACIÓN

Esta actividad puede partir de cuentos o tradicionales y consistir en cambiar por sus opuestos la mayor cantidad posible de términos, resultando una especie de "cuentacuentos" al revés.

PERIODISTAS ✌

OBJETIVO

Creatividad e imaginación.
Desarrollo de la expresión oral y escrita en mensajes informativos.
Práctica de la lectura en voz alta.

DESARROLLO

Los participantes forman equipos. Cada equipo está compuesto de periodistas que trabajan en el departamento de redacción de un periódico cualquiera. Están encargados de seleccionar noticias y entrevistas personales sobre temas de actualidad. Cada equipo deberá seleccionar y redactar una noticia. Luego irá a entrevistar a una persona.

Al final del tiempo estipulado para la actividad, cada equipo elegirá un reportero para leer su noticia y a continuación presentará a los demás la entrevista.

En una sesión de comentarios, entre todos se pueden indicar la mejor noticia y la mejor entrevista.

VARIACIÓN

En vez de periodistas, los participantes trabajan en una agencia de publicidad y reciben un producto o un servicio para divulgar. Tienen que definir de qué se trata y cómo lo harán y a continuación crear el anuncio correspondiente.

El profesor puede sugerir que los productos sean cosas absurdas o inusitadas.

TELEGRAMAS CRUZADOS ✌

OBJETIVO

Redacción de pequeños mensajes según un determinado contexto.

DESARROLLO

El juego consiste en que cada jugador redacte un telegrama de no más de diez palabras en el que exprese un pedido para satisfacer algún tipo de necesidad y lo doble. El profesor tras recogerlos los coloca sobre su mesa. Cada alumno toma un papel, sin saber a quien pertenece, lo lee y trata de imaginar cómo responder al pedido. Redacta entonces un nuevo telegrama en el que ofrece su solución.

Redactados todos los telegramas-respuesta, el profesor los coloca sobre la mesa de forma que puedan ser leídos y, por turno, cada jugador trata de identificar el mensaje que representa la solución a su problema.

Al final se leen en voz alta los pedidos y las soluciones propuestas.

EL ZOOLÓGICO HUMANO ✌

OBJETIVO

Fomentar la creatividad.

Práctica de vocabulario.

Redacción de pequeños textos informativos.

DESARROLLO

Los jugadores se dividen en dos equipos. Cada jugador prepara su propio cartel indicador para colocar delante de la jaula en el zoológico. Terminado el tiempo estipulado, cada equipo dispone de cinco minutos más para discutir sobre sus carteles, proponer y hacer alteraciones.

Los jugadores de uno de los equipos se colocan de pie delante de los demás que llevan sus carteles indicadores colgados. Los que visitan los animales leen cada cartel atentamente, tratando de memorizar la mayor cantidad de datos de los «animales humanos» expuestos.

Terminado el recorrido, los «animales humanos» les formulan a los visitantes diez preguntas distintas. Cada respuesta correcta equivale a 2 puntos. En caso de error, la puntuación va al equipo que preguntó.

Se invierten los papeles y los que eran visitantes pasan a animales. Gana el equipo con mayor número de puntos.

Al final del juego, si el profesor lo cree oportuno, se sugiere la improvisación de diálogos entre parejas de animales, guardándose las características del animal representado.

EJEMPLO DE CARTEL INDICADOR

ESPECIE:	PESO:	EDAD:	CARACTERÍSTICAS:	ALIMENTOS:
Elefante	1 tonelada	15 años	• memorioso	• hojas de ciprés
			• de movimientos torpes	• maní
			• grandote	• frutas
			• miedoso a los ratones	• pino
			• con dientes de marfil	
			• muy valiosos	
			• trabaja en circos	

EJEMPLO DE PREGUNTAS

a) ¿Quién es el dormilón?

b) ¿Qué animal es Juan?

c) ¿Cuánto pesa el oso?

d) ¿Cómo es el pingüino?

e) ¿Qué relación tiene la jirafa con el hombre?

TALLER DE CREACIÓN ✌

OBJETIVO
Desarrollo de la producción escrita.
Práctica de lectura en voz alta.

DESARROLLO
Se trata de lograr que, a igual motivación, los jugadores intercambien distintos tipos de expresión. El profesor les explica a los estudiantes que deberán guardar silencio y tendrán cinco minutos para escribir, motivados por lo que él les presentará. Terminado el tiempo de cada experiencia, los alumnos leerán sus trabajos y entre todos se dará una puntuación de uno a diez. Cada alumno apuntará su nota y al final del juego se hará la suma y se conocerá el vencedor.

EJEMPLO DE ELEMENTOS MOTIVADORES
a) una foto

b) dibujos en serie

c) una canción

d) una portada de revista

e) un objeto (un llavero, una flor, un juguete, etc.)

CAMBIO DE PUNTUACIÓN ✌

OBJETIVO
Comparación de distintos puntos de vista, interpretación de los mensajes según cómo se puntúa.
Reconocimiento de distintos lenguajes y de los distintos enfoques en la comunicación.

DESARROLLO
A cada uno de los equipos se presenta un texto de corta extensión que carece de puntuación. El texto seleccionado podrá ser inventado. Cada grupo de alumnos lo lee y puntúa como le parece. Luego se leen y se comentan los textos resultantes.

EJEMPLO
"Dejo mis bienes a mi hermano no a mi sobrino Pedro tampoco jamás se pagará la cuenta del almacenero nunca de ningún modo para el hospital todo lo dicho es mi deseo".

DONAR ANIMALES DOMÉSTICOS ✌

OBJETIVO
Empleo de vocabulario.
Práctica escrita de correspondencia.

DESARROLLO
Los alumnos se dividirán en grupos. El profesor escribirá en la pizarra las siguientes listas:

LOS ANIMALES	LOS HEREDEROS
1 loro	Un asilo mixto de ancianos
5 peces exóticos	Una anciana de 65 años que vive sola
1 perro danés	Una chica soltera, funcionaria
1 tortuga	Un agricultor-granjero de 45 años
1 gato siamés, macho	Una niña de 10 años, paralítica
1 perro de caza	Un cura de pueblo de 52 años

Cada grupo decidirá quién sería el destinatario de cada animal y por qué. A continuación, elige a uno de los herederos y le escribe una carta preguntándole si aceptaría o no el animal y, en el segundo caso, si estaría de acuerdo en legarlo a otra persona o entidad.

Al final un representante de cada grupo leerá su carta y todos juntos harán las correcciones necesarias bajo la coordinación del profesor.

TELEGRAMA ALEATORIO ✌

OBJETIVO

Práctica del mensaje escrito en forma de telegrama.

DESARROLLO

Los alumnos forman grupos. El profesor les solicitará que escriban palabras sueltas. A uno de ellos, previamente elegido, le tocará empezar, escribiendo la primera palabra y pasará la hoja al compañero de al lado. Éste añadirá una palabra y se la pasará a otro.

Esta primera parte seguirá hasta que el último alumno haya escrito su palabra. Entonces el profesor les explicará que se trata de un telegrama. El juego consistirá en que cada grupo lo escriba utilizando todas las palabras sugeridas por sus miembros.

Finalizado el plazo establecido por el profesor, éste recogerá los textos y se los distribuirá a otros equipos.

A cada equipo le tocará corregir y leer a todos el telegrama recibido.

PROLONGACIÓN

Además de corregir y leer el telegrama recibido, los participantes del grupo se encargarán de responderlo y elegirán a un representante para leerlo a toda la clase.

¿QUÉ ES ESPAÑA? ✌

OBJETIVO

Fomentar la discusión libre sobre un tema cultural.
Práctica del lenguaje oral.
Estimular el conocimiento más allá del estereotipo y del tópico.

DESARROLLO

Los participantes se distribuyen en grupos. El profesor les pide que hagan un listado de palabras-clave que les sugiera la palabra *España*.

«¿Qué es España para ustedes? ¿Qué representa la palabra España para ustedes? Busquen reunir al menos diez aspectos distintos.»

Terminado el tiempo estipulado, una vez que cada grupo dispone de su lista, el profesor reúne a los grupos de dos en dos, con la tarea de discutir sus listas, ponerse de acuerdo y redactar una lista común con diez palabras.

De acuerdo con el número de grupos existentes, se sigue reuniendo a los grupos o se pasa a la actividad final en la que cada grupo presenta a los demás su lista resultante, explicando la elección de cada palabra.

Al final, puede haber una breve sesión de comentarios generales.

El juego puede tomar como punto de partida cualquier otro país, según el conocimiento medio de los participantes.

NOTICIARIO ✌

OBJETIVO

Fomentar la creatividad.
Práctica de la expresión oral y escrita.

DESARROLLO

El profesor comenzará planteándo a los alumnos la siguiente consigna: «Cada equipo es un equipo de producción de un telediario. Uds. deberán crear un noticiario con diez noticias diversas pertenecientes a las secciones de política exterior, sucesos, deportes, boletín meteorológico, economía, cultura y artes.»

Los equipos dispondrán de quince minutos para preparar las noticias. Al final, escogidos los locutores, cada uno hará la presentación de su noticiario.

Durante la actividad, el profesor les recordará a los jugadores que tienen libertad de creación, sin necesidad de obedecer a criterios rigurosos de correspondencia a la realidad.

VARIACIÓN

Las noticias escritas involucrarán a la escuela y a sus miembros: alumnos, profesores, directores, administración.

BUZÓN SENTIMENTAL ✌

OBJETIVO

Práctica del vocabulario descriptivo.
Uso del lenguaje escrito con propósito específico.

DESARROLLO

El profesor les entrega a los alumnos hojas de papel. Cada jugador deberá escribir su nombre. El profesor recogerá las hojas y las distribuirá a otros jugadores de modo que todos tengan una hoja que no es la suya. Deberán entonces escribir un anuncio de correspondencia sentimental para una revista del corazón o a una agencia matrimonial, colocándose en el lugar del compañero señalado. En el anuncio hay que hacer constar la descripción física de la persona, sus defectos, virtudes, gustos, interés y calidades morales, todo ello de forma precisa y realista para que sea posible adivinar de quién se trata.

Terminados los anuncios, cada jugador leerá el suyo en voz alta omitiendo el nombre del compañero al que se refiere. Los oyentes pueden intervenir indicando qué persona reconocen como la descrita por el anuncio.

HISTORIA A TRAVÉS DE IMÁGENES ✌

OBJETIVO

Práctica de vocabulario.
Elaboración de estructuras.

DESARROLLO

El profesor prepara una serie de sobres que contienen diversas fotos e imágenes.

Los jugadores, en equipos de tres, sortean un sobre para cada equipo.

En un tiempo determinado, cada equipo redactará una historia, elaborada a partir de las fotos e imágenes.

Terminado el tiempo, el profesor escoge un jugador de cada equipo para componer un tribunal. Tras la lectura de cada historia, el tribunal determinará la puntuación correspondiente.

Al final se conocerá la historia vencedora.

CONSULTORIO DE PSICOLOGÍA ✌ ✌

OBJETIVO

Expresión escrita.
Práctica de lectura.

DESARROLLO

Los alumnos en grupos eligen un problema y redactan una carta como si fueran los lectores de una revista y estuvieran dirigiéndose a una determinada sección llamada CONSULTORIO DE PSICOLOGÍA. El grupo que recibe la carta debe redactar el consejo que daría si fuera el psicólogo. Cada grupo lee su carta y la respuesta del psicólogo. Todos, al final, comentan las diferencias y semejanzas más significativas de cada carta y escogen la mejor respuesta.

VARIACIÓN

Los grupos pueden redactar la respuesta del psicólogo a una consulta y después cada uno tratará de reconstruir la carta que originó dicha respuesta.

TRABALENGUAS A TRAVÉS DE IMÁGENES ✌ ✌

OBJETIVO
Composición creativa por estímulo visual.

DESARROLLO
Los integrantes, divididos en grupos, recibirán una tarjeta con la siguiente consigna:
«Miren bien la foto. ¿Qué les sugiere?»
(Escribir la mayor cantidad posible de reacciones ante la imagen).
Formen un trabalenguas con todas las palabras escritas.
Todos los trabalenguas son presentados y el que tenga más sentido será el ganador.
El juego se puede repetir cambiando la tarjeta.

EL VIAJE DEL SIGLO ✌ ✌

OBJETIVO
Redacción creativa.
Uso del lenguaje oral.

DESARROLLO
Se trata de jugar con la fantasía para organizar el viaje del siglo a un lugar insólito realizado por personas raras.
Cada grupo planificará el viaje, lo escribirá y hará el recorrido adecuando el ambiente a través de descripciones.
El viaje más creativo será el ganador.

ONDA DE RADIO ✌ ✌

OBJETIVO
Expresión escrita.
Práctica de lectura.

DESARROLLO
Los alumnos en grupos deberán escribir un programa de radio de cinco minutos que contenga propaganda sobre un artículo elegido.
Concluido el tiempo, cada equipo presentará su programa y será juzgado por todos los participantes.

VARIACIÓN
El profesor puede sugerir los temas de propaganda.

AUXILIOS AL AZAR ✌ ✌

OBJETIVO
Creatividad, trabajo en grupo, desinhibición.

DESARROLLO

Los alumnos repartidos en grupos en número par.

Unos escribirán diez situaciones, imaginarias, críticas o catastróficas y otros elaborarán diez formas de actuar en caso de problemas o accidentes.

El profesor determinará qué grupos prepararán las listas.

Al final del tiempo determinado por el profesor, los equipos tratarán de leer una a una sus propuestas de situación y auxilio, compaginadas al azar.

DOBLE SENTIDO ✌ ✌

OBJETIVO

Práctica y ampliación de vocabulario.

Estructuración de pequeños textos, explotando el doble sentido de ciertas palabras.

DESARROLLO

Alumnos repartidos en pequeños grupos. Cada grupo, partiendo de palabras sugeridas por el profesor, se encargará de inventar un chiste, un cuento, una frase o una colección de frases en los que determinadas palabras se usarán con doble sentido.

Terminado el tiempo estipulado, cada grupo presentará su producción, que será evaluada por los demás.

EJEMPLOS DE PALABRAS

el capital - la capital;

el cabeza - la cabeza;

oscuro;

sol;

nube;

negro;

blanco…

LA BIBLIOTECA DE ALEJANDRÍA ✌ ✌

OBJETIVO

Desarrollo de la capacidad creativa.

Práctica de la expresión oral y escrita.

DESARROLLO

Los participantes forman equipos. Todos se preparan para viajar al antiguo Egipto, a la ciudad de Alejandría, importante centro cultural de esa época.

Al llegar allí, encuentran un imponente edificio con grandes columnas y una escalinata. En la inscripción se puede leer: «Biblioteca de Alejandría». Ahí está encerrado todo el saber humano, siglos y siglos de conocimientos.

Entran y la bibliotecaria, que sabe exactamente dónde encontrar cada tema y cada información, guía a cada equipo visitante hacia la zona adecuada. Allí cada uno saca el libro adecuado que guarda las respuestas a dos interrogantes vitales para los integrantes del equipo. Un redactor las copiará. Cada equipo se despide de la bibliotecaria y trae sus anotaciones en el viaje de vuelta.

Terminado el tiempo establecido, cada equipo presentará a los demás sus cuestiones y leerá las respuestas encontradas.

Al final, entre todos se comentan las preguntas y las respuestas.

POEMA A VARIAS MANOS ✌ ✌

OBJETIVO

Empleo de vocabulario.
Práctica de redacción con énfasis en estructuras gramaticales.

DESARROLLO

El profesor da a los alumnos como título de un poema una palabra que sea rica en asociaciones y connotaciones como *noche, casa, mar, mujer, felicidad,* etc. Se puede sacar de alguna obra literaria leída recientemente por el grupo o pedirles a los estudiantes que la sugieran.

Los alumnos deben redactar una frase que describa una posible asociación que el título les haya sugerido. Escritas las sugerencias, todos componen juntos el poema. Terminada la tarea, se leerá el producto colectivo final.

VARIACIONES

A) Cada estudiante escribe una frase y le pasa el papel al compañero y éste al otro. Los papeles deben doblarse de modo que cada alumno sólo vea la frase anterior. Al final se leerá el poema y los corregirán entre todos.

B) El profesor elegirá con los alumnos una consonante que no podrá entrar en la construcción del poema.

C) El profesor puede limitar la estructura del poema exigiendo el empleo de determinadas categorías gramaticales: adjetivos, adverbios, artículos, verbos, preposiciones, etc.

CARTELES DE PUBLICIDAD ✌ ✌

OBJETIVO

Formar palabras a partir de las letras de los anuncios de publicidad que se encuentran en revistas o periódicos.

DESARROLLO

El juego consiste en armar la mayor cantidad de palabras de tres o más letras a partir de una palabra original, «la palabra madre», que deberá tener más de tres letras y que se tomará de un anuncio.

Sólo está permitido usar dos veces una misma letra de «la palabra madre» por cada palabra formada. Valen los plurales si «la palabra madre» contiene la letra «s». Se puede cambiar el orden de todas las letras y usar todas las de «la palabra madre» o sólo las que sean necesarias.

Los jugadores forman equipos. Cada jugador sugiere una o más palabras que serán anotadas por el redactor del grupo. Terminado el plazo determinado por el profesor, cada equipo lee su listado de palabras, fiscalizado por un jugador de otro equipo.

Las palabras se clasificarán por cantidad de letras:

a) tres letras valen dos puntos

b) cuatro letras valen tres puntos

c) cinco letras valen cuatro puntos

d) seis letras valen cinco puntos

e) siete o más letras valen seis puntos.

PREGUNTAS Y RESPUESTAS CRUZADAS ✌ ✌

OBJETIVO

Estimular la secuenciación lógica en los diálogos.
Fomentar la creatividad y la práctica escrita.

DESARROLLO

El profesor prepara previamente una serie de preguntas, y las respuestas correspondientes, y las coloca separadas e invertidas sobre la mesa. Los alumnos tienen que escoger una y tratar de buscar al compañero que haya sacado la pregunta o respuesta correspondiente a la suya.

Formadas las parejas, a una señal del profesor, cada una se pone a escribir un pequeño diálogo en el que aparecerán obligatoriamente la pregunta y respuesta combinadas.

Terminado el tiempo establecido, se intercambian los diálogos entre las varias parejas, se corrigen y se devuelven a la pareja original. Cada pareja, al final, leerá a los demás su trabajo.

COMENZAR Y TERMINAR ✌ ✌

OBJETIVO

Estimular la expresión escrita y el encadenamiento lógico de hechos en el tiempo y espacio.
Práctica de la lectura en voz alta.

DESARROLLO

Los participantes se reparten en equipos con un máximo de tres a cuatro personas. El profesor distribuye a cada equipo una hoja con un texto corto (de 15 a 30 líneas) del que se han conservado tan sólo la primera y la última frases. Los alumnos tendrán que componerlo, poniéndose de acuerdo en cuanto al contenido y desarrollo posibles de la historia. Tras redactarlo, cada equipo leerá su texto a los compañeros. El profesor también puede pedirles que encuentren un título a la historia creada.

Al final, el profesor puede leer o distribuir el texto original. Los participantes pueden elegir el texto más interesante, el más gracioso, el más bien escrito, etc.

BOCADILLOS DE HUMOR ✌ ✌

OBJETIVO

Práctica de las estructuras de discurso directo.
Fomentar la creación y la invención estimuladas por dibujos e imágenes.

DESARROLLO

El profesor prepara previamente una selección de viñetas y dibujos de humor sacados de revistas y periódicos, sin los diálogos y frases correspondientes.
Los reparte entre los equipos y les pide que creen diálogos y frases posibles rellenando los bocadillos en cuestión. Terminado el tiempo, cada equipo presenta sus viñetas a los demás.
También se puede organizar un concurso a partir de un mismo dibujo.
Entre todos los participantes se compondrá un jurado que otorgarán premios al mejor trabajo.

MONTANDO FRASES ✌ ✌

OBJETIVO

Práctica de formación de frases.

DESARROLLO

El profesor prepara sobres que contengan tarjetas con palabras. Puede sacarlas de revistas, periódicos o incluso del material didáctico con que trabaja en el aula. Los participantes, repartidos en equipos de hasta tres personas, recibirán un sobre.
Cada grupo, en el tiempo estipulado, deberá reconstruir la frase del sobre, ordenando las palabras que están en él. Terminado el tiempo, los equipos leerán sus frases.

VARIACIÓN

Otra posibilidad, que exige más de los jugadores, es la siguiente: el profesor prepara los sobres de modo que compongan un texto informativo o descriptivo o incluso un diálogo. Cada equipo recibe varios sobres y tendrá que componer las frases y ordenarlas reconstruyendo el texto original.
Será vencedor el equipo que logre hacerlo primero, dentro del tiempo establecido.

TEBEO INCOMPLETO ✌ ✌

OBJETIVO

Creatividad.
Práctica de la producción escrita.

DESARROLLO

El profesor reparte fotocopias de una historieta, en la que faltan algunas viñetas.

Los alumnos, en pequeños grupos, la leen y crean las partes que faltan.

Terminado el tiempo, cada grupo presenta su producción, argumentando su propuesta.

Al final el profesor presenta la historia completa en su versión original.

EL PRESIDENTE Y SUS MINISTROS ✌ ✌ ✌

OBJETIVO

Creación de un proyecto común.

Selección de alternativas y desarrollo de argumentación.

DESARROLLO

Los alumnos forman equipos. Cada equipo elegirá un país y se repartirán entre sí los roles de presidente y ministros de este país. Estas autoridades prepararán un plan de gobierno, escribiendo las medidas que se adoptarán frente a las necesidades diagnosticadas.

Terminado el tiempo estipulado para el trabajo, cada equipo presentará su plan de gobierno a todos.

REHACIENDO TEXTOS ✌ ✌ ✌

OBJETIVO

Ejercitar la imaginación y la creatividad.

Trabajar el encadenamiento de ideas y la construcción de pequeños textos.

DESARROLLO

El profesor, que habrá elegido previamente noticias de periódico y artículos de revistas, facilitará a los alumnos fotocopias de los mismos, dejándolas en un rincón. Dada una señal, un jugador de cada equipo, de un máximo de cuatro, se dirige al rincón de noticias y elige un folio cualquiera. Vuelve a su lugar, lee el texto a sus compañeros y entre todos deciden qué trozo retirarán para el montaje del texto final. El mismo procedimiento se aplica a los demás jugadores de cada equipo. Al final de la elección, los jugadores ordenarán su nuevo texto, haciendo las alteraciones necesarias, que no podrán pasar de diez. Rehecho el texto final, un representante de cada equipo lo leerá a los demás. La puntuación tendrá en cuenta los siguientes requisitos:

- a) originalidad
- b) secuencia lógica
- c) cohesión
- d) cierre adecuado

VARIACIÓN

En lugar de revistas o periódicos se pueden repartir textos de quince a veinte líneas seleccionados de la literatura.

Durante el plazo estipulado, los jugadores se dedicarán a ampliar el texto recibido, agregando hasta dos palabras nuevas después de cada una del texto original.

Hay que mantener la coherencia y la inteligibilidad del relato original, aunque se cambie el mensaje.

Al final los equipos leen los textos resultantes y entre todos eligen el mejor.

RETRATO DE UN PERSONAJE ✌ ✌ ✌

OBJETIVO

Creatividad.
Expresión escrita.
Idealización de características físicas, psicológicas y sociales.

DESARROLLO

Partiendo de un cuento o de fragmento de una novela u obra de teatro, el profesor les pedirá a los alumnos una lectura analítica de los personajes.

Los jugadores, por parejas, elegirán a un personaje y escribirán su retrato siguiendo el guión siguiente:

A) Aspectos Físicos

- Edad
- Modo de ser
- Gestos característicos
- Carácteristicas físicas

B) Aspectos Sociales

- Nombre y apellidos
- Nacionalidad
- Domicilio
- Clase social
- Profesión
- Educación
- Estado civil
- Vida familiar

C) Aspectos Psicológicos

- Temperamento
- Objetivo en la vida

- Actitud frente a los problemas
- Moral

Terminado el tiempo establecido para la actividad, el profesor escogerá a algunas parejas para la presentación de su retrato.
Al final, las parejas no elegidas podrán añadir detalles no referidos.

DRAMATIZACIONES

DESCUBRIENDO LA ESCENA ✌

OBJETIVO

Interpretación de mensajes no verbales.
Creatividad.
Práctica del lenguaje oral.

DESARROLLO

Los alumnos, dispuestos en grupos, eligen una escena para representarla sin palabras. Terminado el plazo, cada equipo presentará su escena y los demás intentarán adivinar de qué se trata.

Por último, los que representaron añadirán informaciones no descubiertas.

¡QUÉ PAPELÓN! ✌

OBJETIVO

Fomentar la capacidad de expresarse libremente ante situaciones ridículas.

DESARROLLO

Los participantes forman pequeños grupos. Cada grupo imaginará una escena en la que uno de los miembros vive una situación ridícula que lo pone en evidencia. A continuación, dentro del tiempo estipulado, cada grupo dramatizará la escena propuesta a los demás compañeros.

Al final, en una ronda de sugerencias y debate, se arreglará la situación y se incorporará al personaje a una situación normal.

ESCENAS NUEVAS ✌

OBJETIVO

Fomentar la creatividad en situaciones comunicativas transformadas.
Práctica de estructuras lingüísticas ya vistas.

DESARROLLO

Los jugadores forman equipos. El profesor habrá seleccionado previamente esquemas comunicativos retirados de manuales didácticos de español. Cada equipo recibirá una situación comunicativa. La actividad consiste en transformarla de modo que introduzca elementos absurdos o inusitados. Para ello, el profesor explicará que se pueden modificar los personajes, el decorado, los acontecimientos y la época en que ocurre la historia.

Terminado el tiempo, los participantes de cada equipo presentarán a los demás su situación comunicativa dramatizada.

Al final, entre todos se discutirán las dramatizaciones y se elegirán las mejores.

SIGAN LA ESCENA ✌ ✌

OBJETIVO

Capacidad de observación y encadenamiento de ideas.
Uso del lenguaje verbal y no verbal.

DESARROLLO

Los alumnos serán divididos en un número par de grupos .
Los grupos pares siguen en el aula, los impares se van afuera por algún tiempo.
Dentro del aula, los grupos pares hacen montajes humanos de diversas escenas y se quedan inmovilizados.
Los grupos impares vuelven al aula. Observan durante algunos segundos el montaje del cuadro hecho por su grupo y poco a poco sustituyen a los pares y van dando continuidad a la escena. Podrán utilizar la voz y el movimiento.
Al final, cada grupo tendrá un corto espacio de tiempo para un comentario acerca del trabajo realizado.

ASUMIR PERSONAJES ✌ ✌

OBJETIVO

Composición creativa.
Fluidez verbal.

DESARROLLO

Cada alumno crea un personaje para sí, independiente de los demás.
Finalizado el tiempo de la invención, un alumno inicia el monólogo de su personaje.
Los demás personajes deberán integrarse en la dramatización.

UNA FIESTA EN FAMILIA ✌ ✌

OBJETIVO

Representación de escenas de la vida real.
Desarrollo de la comunicación verbal.

DESARROLLO

Se forman equipos de hasta cinco participantes. Cada equipo constituirá una familia formada por padres, hijos y otros parientes.

Cada papel será desempeñado según los rasgos de personalidad elegidos por el equipo. Por ejemplo: habrá en la familia un quejoso, un super razonador, un desamparado, un censor, etc.

Esta familia se encuentra en una fiesta en la que se celebra: cumpleaños, aniversario de boda, navidad...

Terminado el tiempo de elaboración de los personajes, cada equipo por su turno representará una escena.

Durante todo el tiempo de la representación, los personajes actuarán según la personalidad elegida en cada rol.

Al final, entre todos, se comentarán las representaciones y se elegirán a los más interesantes personajes.

ESCENAS DE LA VIDA ✌ ✌

OBJETIVO

Composición de una escena imaginaria, redacción y presentación.

DESARROLLO

Los participantes, equipos, inventan el argumento de un cuento o novela que reproduzca la vida real. Luego se presentan los argumentos dramatizados.

Entre todos se elige el mejor argumento.

EJEMPLOS DE ARGUMENTOS

La llegada del hijo

Un día de compras

El primer amor

La salida de vacaciones

DRAMATIZACIÓN DE REFRANES ✌ ✌

OBJETIVO

Reelaboración creativa de refranes.

DESARROLLO

El profesor llevará al grupo diversos refranes.

Los alumnos se dividirán en equipos. A cada equipo le correspoderá un refrán.

Todos tendrán cinco minutos para el montaje de una escena que será presentada por el equipo entero o por algunos de sus representantes.

El guión se desarrollará a través de pequeñas narraciones y diálogos de algunos de los participantes.

Durante la escenificación, los personajes no podrán decir el refrán por entero, pero podrán decir una palabra clave o expresión que les facilite a los demás el adivinarlo.

El tiempo será cronometrado. Ganará más puntos el equipo que consiga llevar a los demás al descubrimiento del refrán en menor tiempo y que haya organizado con más creatividad el guión.

VARIACIÓN

En lugar de la escenificación, cada equipo hará una parodia (imitación burlesca o irónica del refrán).
Todos los alumnos evaluarán cada presentación e indicarán la puntuación de cada equipo dándoles una calificación de 1 a 10.
En el caso de que haya interés, el profesor repetirá las actividades sorteando entre los equipos otros refranes.

SUGERENCIAS

REFRANES	PARODIA O EQUIVALENCIA
1) Poquito a poquito se va lejos.	Despacio, despacito se desanima y no se llega nunca.
2) Cada uno sabe dónde le aprieta el zapato.	El nuevo rico, heredero, no ahorra, echa la casa por la ventana. Zapato grande salta fácilmente del pie.
3) Ver el mundo por un agujero	Ver a alguien en el baño a través del ojo de la cerradura. Aun mirando el mundo a través de una ventana, no percibe lo que es el vivir
4) Los duelos, con pan son menos.	Las guerras con hambre convierten en fieras a los hombres.
5) Lo que no se puede hacer por bien, no se haga por mal.	Doblar el acero es luchar (resistir) en vano. Jugando contra el fuego uno sale quemado.
6) Nadie está libre de errar.	Sólo no yerra quien no vive. A través del error se aprende a reaccionar.
7) Es un cadáver andando.	Está más gordo que un esqueleto.
8) Agua que no has de beber, déjala correr.	No impidas el éxito del prójimo, si no quieres competir.

PARODIA DE REFRANES

REFRANES	PARODIA
1) Baila muy bien en la cuerda floja.	Sólo baila bien si no se afloja la cuerda.
2) El fin justifica los medios.	Para todo fin no hay remedios.
3) Tira la piedra y esconde la mano.	Tira la mano y luego la mete en el bolsillo.
4) Hombre prevenido vale por dos.	Hombre prevenido no presta sus cosas.
5) A caballo regalado no le mires el diente.	Caballo regalado, entierro cordado.

CAMBIO DE PAPEL ✌ ✌

OBJETIVO

Escenificación de situaciones cotidianas, tomándose la personalidad del colega. Práctica oral libre.

DESARROLLO

Los jugadores forman equipos. Cada jugador se otorga un número. El profesor dice un número al azar; por ejemplo, cuatro. Los jugadores que se han numerado en secreto con el número elegido, pasan al centro de la sala. Deben improvisar una situación cotidiana que fue sorteada por el profesor, con la consigna de asumir cada uno la personalidad del jugador que tiene a su izquierda. Los demás jugadores asistirán la improvisación y darán una puntuación a cada jugador de uno a diez. El profesor lo registrará en el pizarrón. Terminada la presentación, éstos vuelven a sus lugares, el profesor dice otro número provocando una nueva improvisación con cambio de roles.

Cuando hayan improvisado todos, se suma la puntuación obtenida por cada grupo y se conocerá el vencedor.

EJEMPLOS DE SITUACIONES COTIDIANAS

- conversación en una oficina pública;
- encuentro de amigos en un bar;
- haciendo la cola para pagar un impuesto;
- esperando el autobús;
- charla en una pausa de trabajo o estudios;
- en la consulta médica;
- en un restaurante;

- en el mercado;
- en una discoteca;
- en una tienda de ropas.

PREDICIENDO EL FUTURO ✌ ✌

OBJETIVO

Práctica del mecanismo pregunta/respuesta en una situación comunicativa determinada.

Uso de las formas verbales del futuro y del condicional.

DESARROLLO

Los participantes forman grupos de tres personas. En cada uno un jugador tendrá el rol de «gitano/a». Le tocará predecir el futuro a sus compañeros de equipo. A cada gitano/a se le entregará una baraja. Para cada cliente que consulta, hay que utilizar un mínimo de cinco cartas (previsiones). Los equipos prepararán la consulta dentro del tiempo establecido.

Terminado el tiempo, la presentarán a todos. Al final, se elegirán los mejores grupos.

OBSERVACIONES

a) En los niveles iniciales, el profesor puede preparar una sesión motivadora a partir de documentos auténticos (horóscopos de revista o periódico) con el doble objetivo de que los jugadores conozcan más el tema y practiquen las formas verbales del futuro.

b) El profesor puede estimular a los «clientes» a hacer preguntas indiscretas, divertidas o trágicas y al gitano/a a predecir de modo gracioso, satírico. Para variar el juego, el «cliente» podrá preguntar no solamente sobre su futuro, sino respecto al de otros: autoridades, personajes famosos, compañeros o incluso el del profesor.

c) Para grupos a partir del nivel intermedio, el juego puede servir para practicar otras formas verbales además del futuro. Se puede imaginar perfectamente que el gitano/la gitana conozcan el pasado de sus «clientes».

CAMBIO DE PERSONAJE ✌ ✌

OBJETIVO

Intercambio en la situación comunicativa.
Creatividad.
Uso del lenguaje oral.

DESARROLLO

Los jugadores forman parejas. El profesor selecciona diversas situaciones comunicativas y las mete en un sobre. Cada pareja sorteará una de ellas y estructurará un diálogo. Este diálogo durará dos minutos. Durante el primer minuto los interlocutores serán los personajes elegidos. En el segundo cambiarán los personajes entre ellos.

Finalizado el tiempo, el profesor llamará a algunas parejas al centro del aula para la presentación a los demás.

EJEMPLOS DE SITUACIONES

    a) Ladrón y policía

    b) Árbitro y jugador de fútbol

    c) Marido y mujer

    d) Jefe y secretaria

    e) Médico y cliente, etc.

DOS PERSONAJES Y UN SOLO ACTOR ✌ ✌ ✌

OBJETIVO

Creatividad.
Práctica oral.

DESARROLLO

Cada alumno, en un rincón, compone un primer personaje. En seguida compone un segundo personaje en conflicto con el primero.

Los dos personajes charlan entre sí. Para demostrar el cambio de personaje el alumno cambiará de lugar a cada rato en que escenifique a un determinado personaje.

Uno de los personajes podrá ser reconocido a través del cambio de voz, de la manera de caminar, de la expresión facial, de un adorno, como por ejemplo un sombrero, un pañuelo, etc.

Al final de la presentación, los alumnos que lo deseen podrán hacer una evaluación de este tipo de trabajo y de su propia actuación.

DRAMÓN ✌ ✌ ✌

OBJETIVO

Creatividad.
Práctica oral.

DESARROLLO

Los alumnos serán divididos en dos grupos. A principio unos escucharán, otros hablarán. Cada persona cuenta un acontecimiento que le haya pasado. Acabado el relato, alguien del otro grupo lo transformará en un dramón, añadiéndole informes y personajes bastante fuera de la normalidad, exagerando lo más posible.

UN DEBATE PÚBLICO ✌ ✌ ✌

OBJETIVO

Expresión escrita.
Desarrollo de la capacidad argumentativa.

DESARROLLO

El profesor escribirá en la pizarra un bando diciendo que ha suscitado gran polémica entre los habitantes de una localidad.

A los alumnos por grupos les tocará escribir una carta al Sr. Alcalde en la que le expondrán su punto de vista. Los alumnos podrán adoptar las siguientes posturas:

    a) a favor de la medida;

    b) en contra;

    c) indiferente.

Terminada la redacción, los grupos van a escenificar un debate sobre la cuestión. Para la buena marcha del debate, se elegirá un moderador que dará la palabra, por turno, a quienes la soliciten. En el debate un grupo deberá representar al Sr. Alcalde.

EJEMPLO DE BANDO

BANDO MUNICIPAL

Por orden del Sr. Alcalde, todos los bares, discotecas y demás locales de diversión de este municipio estarán obligados a suspender su actividad a las diez de la noche, con el fin de no perturbar el descanso de los vecinos.

En _____, a ___ de _____ de _____ .

Fdo.: El Secretario   (Firmado)

Vo.Bo.: El Alcalde   (Visto bueno)

EL PERSEGUIDOR ✌ ✌ ✌

OBJETIVO

Fomentar la comunicación no verbal y la creatividad.

DESARROLLO

Los jugadores forman equipos. Cada equipo imagina una situación o un personaje muy temidos y lo dramatiza sin palabras a los demás. Éstos intentarán adivinar cuál es el personaje en cuestión.

BIBLIOGRAFÍA

ALBINATI, Gena, *311 Jogos e brincadeiras. Um recurso em musicoterapia,* Belo Horizonte, edição do autor, 1992.

ANTUNES, Celso. *Manual de técnicas de dinâmica de grupo, de sensibilização, de ludoterapia.* Petrópolis, Editora Vozes, 1992, (5ª edição).

CARÉ, J. M. & DEBYSER, F, *Jeux, langage et créativité. Les jeux dans la classe de français,* Paris, Hachette/Larousse, 1978. Collection le Français dans le Monde/B.E.L.C.

DOMÍNGUEZ, Pablo y otros, *Entre Bromas y Veras...* Madrid, Edelsa, 1991.

HUIZINGA, Johan, *Homo ludens. O jogo como elemento da cultura,* São Paulo, Editora Perspectiva, 1993 (4ª edição).

JULIEN, Patrice, *Techniques de classe. Activités ludiques,* Paris, Clé International, 1988.

LEIF, Joseph. & BRUNELLE, Lucien, *O jogo pelo jogo,* Rio de Janeiro, Zahar Editores, 1978 (tradução de José César Castañón Guimarães).

MARQUES, Francisco, *Carretel de Invenções,* Belo Horizonte, Centro Brasileiro para a Infância e a Adolescência, AMEPPE, 1993.

MEDEIROS, Ethel Bauzer, *Jogos para recreação Infantil,* Vol. 2. Editora Fundo de Cultura, Rio de Janeiro, 1961.

PISANO, Juan Carlos, *Juegos para entreternese en los viajes.* Buenos Aires, Editorial Bonum, 1990.

—— *Manual de juegos para jóvenes y no tan jóvenes.* Buenos Aires, Editorial Bonum, 1992.

REVERBEL, Olga. *Oficina de teatro,* Porto Alegre, Editora Kuarup Ltda., 1993. Série Teatro Educação.

VILA, Gladys Brites de, & MÜLLER, Marina, *Un lugar para jugar. El espacio imaginario.* Buenos Aires, Editorial Bonum, 1990, (2ª edición).

—— *101 juegos para educadores, padres y docentes.* Buenos Aires, Editorial Bonum, 1992, (4ª edición).

VITELLESCHI, Susana Gamboa de *Juegos para convivencias.* Buenos Aires, Editorial Bonum, 1990.

WEISS, François, *Jeux et activités comunicatives dans la classe de langue.* Paris, Hachette, 1983.